David Kadel

WAS MACHT DICH
STARK?

Fußballstars und ihr
Erfolgsgeheimnis

GerthMedien

Die auf Gott sehen,
werden strahlen vor Freude!"
Psalm 34,6

WIDMUNG
Für meinen besten Freund Dirk Heinen.
Ohne dich gäbe es dieses Buch nicht!
David

Inhalt

Play it again Mario!

Die letzten echten Typen!

Endlich wieder Fußball-WM! Wahnsinn, wie schnell die Jahre nach Götzes Siegtreffer im WM-Finale von Rio verflogen sind. Und by the way: Wir sind immer noch WELT-MEISTER!

In Russland treten wir 2018 also an, um erstmals in der Geschichte unserer Nationalmannschaft einen Titel zu verteidigen. Jogi, mach ett! Play it again, damit wir Deutschen im Sommer 2018 ein weiteres euphorisches Fußballmärchen erleben können! Nach den letzten Wahlen und bei der trüben Stimmung hierzulande sehnen wir uns ja alle danach, wieder friedlich und vor allem gemeinsam zu feiern.

Wenn man unsere Weltmeister in den letzten Jahren beobachtet hat, konnte man feststellen, wie Manuel Neuer, Mats Hummels, Thomas Müller & Co. zu echten Vorbildern gereift sind. Fußballstars, die sich ihrer Rolle als Vorzeigeathleten sehr bewusst geworden sind und nicht müde werden, Gutes zu tun. Wie zum Beispiel Mats Hummels, der sich entschieden hat, bis zum Ende seiner Karriere ein Prozent seines Gehalts für das Hilfsprojekt „Common Goal" zu spenden. Oder Toni Kroos, der eine faszinierende Stiftung für Kinder in Not gegründet hat, für deren Arbeit er sich mit voller Leidenschaft einsetzt. Oder Manuel Neuers Stiftung „Manus", die ich kürzlich besuchte und in der ich Kinder und Jugendliche von benachteiligten Familien im Ruhrpott traf, die nicht nur über die Einrichtung schwärmten, sondern vielmehr über Manuel Neuers sehr persönliches Engagement und seine sehr herzliche Art und Weise, wie er mit den Kindern und Mitarbeitern vor Ort umgeht.

Interessant finde ich, wenn sich einer, der ein sportliches Vorbild ist – weil er so genial die Bälle aus dem Winkel boxen kann –, langsam auch zu einem gesellschaftlichen Vorbild entwickelt. Sie haben an ihrer Persönlichkeit gearbeitet und entdeckt, wie bereichernd es sein kann, wenn man Sinn stiftet. In diesem Buch treffe ich Fußballstars, die sich sehr viele Gedanken darüber machen, was ein Vorbild heute eigentlich darstellen und vermitteln soll. Spieler und Trainer, die sich selbst hinterfragen, reflektieren und sich dessen bewusst sind, dass sie auch außerhalb des Fußballs etwas zu sagen haben, etwas Gutes bewirken können. Während ich mich auf die Reise durch Deutschland machte, um diese etwas anderen Fußballer zu treffen, habe ich immer

mal wieder darüber nachgedacht, warum uns Vorbilder eigentlich so wichtig sind, dass wir uns auf den Weg machen und ihnen gerne stundenlang zuhören. Vielleicht weil uns ihre Lebensgeschichte berührt? Oder weil wir sie bewundern, wie sie im Scheitern Stärke erlangt haben? Was macht ein Vorbild letztlich zu einem echten Vorbild?

Vorbilder. In einer mehr und mehr orientierungslosen Gesellschaft sind sie die letzten Leuchttürme, zu denen wir noch hochschauen und von denen wir uns Richtungsweisung erhoffen. Die FAZ titelte kürzlich mit einer aus der Bahn geworfenen Weltkugel und der Überschrift: „Orientierungslose Welt!"

Tagtäglich spüren wir schmerzhaft eine für unmöglich gehaltene Verschiebung von Fixsternen, die uns jahrzehntelang als zuverlässige Navigation durchs Leben dienten.

In meiner Jugend galten Politiker noch als echte Vorbilder. Genscher, Brandt, Helmut Schmidt – Männer, zu denen man hochschaute, deren Wort etwas galt und denen man parteiunabhängig Respekt zollte. Ebenso die Wirtschaftsbosse. Wenn ein VW-Vorstand in unserer ausverkauften Stadthalle sprach, war es mucksmäuschenstill und man lauschte den Worten dieses Erfolgsmenschen voller Bewunderung. Diese Vorbilder von damals sind ausgestorben – wie Dinosaurier. An ihrer Stelle stehen jetzt die Donald Trumps und Dax-Fond-Manager unserer Zeit. Marktschreier, die wir mitleidig belächeln oder leidenschaftlich verspotten, aber sicher nicht bewundern, weil sie als Vorbild nicht taugen.

Gebrauchtwagenhändler-Mentalität

An welcher Stelle ist unsere Welt falsch abgebogen, dass es Menschen mit Gebrauchtwagenhändler-Mentalität tatsächlich schaffen, Millionen Wählern ihre Stimme abzuringen und plötzlich als König eines Landes aufzutreten? Dieselbe tragische Entwicklung beobachten wir tagtäglich in der Wirtschaft, wo die Welt-Firmen, die uns einst mit ihrem großen Stern am Horizont den Weg wiesen und für ehrliche Arbeit standen, zum Gespött ihrer eigenen Werte geworden sind. Vorbilder stehen für gewisse Werte, für die wir sie bewundern: Authentizität, Verlässlichkeit, Transparenz, Leidenschaft, Akribie und Treue. Große Firmen haben, blind vor Gier, Judasse eingestellt, die ihre heiligen Werte und die Seele des Unternehmens eiskalt verkaufen durften, weil die Aufsichtsräte mit ihren Scheuklappen nur noch den kurzfristigen Erfolg anbeteten.

Worauf ist Verlass?

In Zeiten, in denen fast alle großen Türme ins Wanken geraten sind und man wie bei „Herr der Ringe" nur darauf wartet, dass sie vollends einstürzen, lautet die alles entscheidende Frage: „Worauf ist heute noch Verlass?" Da, wo Betrügen normal geworden ist und wir uns über den nächsten großen Betrugsskandal einer Welt-Firma längst nicht mehr wundern, erscheint es fast unmöglich, dass wir Menschen oder Institutionen unser Vertrauen noch schenken. Doch es gibt ein gallisches Dorf, in dem die letzten aufrechten Krieger leben und darum kämpfen, ihrer Vorbild-Rolle auch gerecht zu werden.

Es ist beinahe peinlich, aber ausgerechnet eine Unterhaltungs-Branche, die als völlig oberflächlich und für viele höchstens die schönste Nebensache der Welt ist, scheint die letzten Vorbilder unserer Zeit zu bewahren. Der Fußball. Und ich meine damit nicht die Kicker, deren Dribblings und Schusstechnik wir bestaunen. Es sind diese letzten, echten Typen und deren faszinierende Persönlichkeiten, die wir bewundern. Helden zum Anfassen. Kerle, die sich nicht scheuen, schwach zu sein und offen über ihr Scheitern zu sprechen. Echte Persönlichkeiten, die für uns zu Vorbildern taugen, weil sie bestimmte Werte verkörpern, nach denen wir uns sehnen: Fleiß, Entschlossenheit, Opferbereitschaft, Herzblut, Freundschaft trotz Konkurrenz. In der Politik sind das

oft nur Phrasen, die unsere letzten Helden jedoch über Jahre treu mit Leben füllen müssen, um ihre Träume wahr werden zu lassen.

Mit Leben füllen, das musste Heiko Herrlich im wahrsten Sinne des Wortes seine Hoffnung – um nicht zu verzweifeln, als ihm die Ärzte die schockierende Diagnose Gehirntumor mitteilten. Im Gespräch mit dem Leverkusen-Coach erlebe ich einen völlig anderen Heiko als den, mit dem ich Mitte der 90er-Jahre meinen ersten Dokumentarfilm drehte. Scheitern macht demütig. Überhaupt ist Demut die Charaktereigenschaft, die mir in den Gesprächen mit den „Stars zum Anfassen" immer wieder begegnete. Davie Selke, schon früh ein Star, ist wohl einer der normalsten Fußballprofis, die ich je kennengelernt habe. Durch unsere Begegnungen und die gemeinsame Filmproduktion ist eine echte Freundschaft entstanden, wahrscheinlich weil wir beide „das Normale" so lieben in diesem oft überkandidelten Glitzerschaufenster „Bundesliga". Ein Neuling in diesem Geschäft ist Sandro Schwarz. Aber nur als Trainer, denn als Spieler hat er schon Meistertrainer Kloppo über die Schulter schauen dürfen, und manchmal standen sie auch Kopf

„Deutsche Pokal-Helden!" mit Thilo Kehrer

Nationalspieler, die jedoch viel mehr zu erzählen haben als Anekdoten der letzten Länderspiele, weil sie etwas gefunden haben, das ihr Denken und auch ihre Persönlichkeit verändert hat.

Jürgen Klopp

Als ich Jürgen Klopp 2002 in Mainz kennenlernte, war er außerhalb der Gutenberg-Stadt noch völlig unbekannt. Spätestens beim dritten Treffen mit diesem Charaktertypen war mir klar: „Der taugt zum Helden!" Eine Urgewalt von Persönlichkeit und faszinierendem Charisma, die einem da begegnet, wenn man sich mit Jürgen eine Stunde lang unterhält. Wie bei einem Kinohelden verkörpert Klopp alle Facetten menschlicher Stärke, nach denen wir uns sehnen. Ein Prototyp des Stehaufmännchens, wahrhaftig, authentisch, gesegnet mit unwiderstehlichem Humor und einer Entschlossenheit, seine Ziele zu erreichen, die ihresgleichen sucht. Dazu glaubt Jürgen Klopp von ganzem Herzen an Gott, besucht in Liverpool Gottesdienste, weil es ihn demütig macht, und kann die Person Jesu Christi besser erklären als mancher Pfarrer. Seine Zauberformel: Empathie! Wo gibt es noch eine Führungskraft wie ihn, der sich nicht scheut, regelmäßig davon zu sprechen, dass er seine Mitarbeiter und jeden Spieler seiner Mannschaft liebt? Im Gegensatz zum Kinohelden gibt es diesen blonden Sympathieträger aus dem Schwabenland wirklich, sodass sich inzwischen viele große Firmen auf ihn stürzten, um ihn als Gesicht ihrer Produkte zu gewinnen. Dass dieser

an Kopf als schwäbisch-italienische Heißsporne in manch legendärer Trainingsschlacht von Mainz 05. Mit Sandro habe ich zusammen mit unserem „Bro" Marco Rose (heute Trainer von RB Salzburg) eine fantastische Zeit in Mainz erlebt. Im Feiern waren wir drei ganz vorne dabei, die Typen, die auf der Party immer als Letzte das Licht ausmachen, wenn selbst Kloppo schon im Bett ist. Aber mittwochs in der legendären Gonsenheimer WG war dann auch immer diszipliniert Bibelkreis-Zeit bei Sandro & Rosi, wo wir mit Noveski und Co oft nächtelang über Gott und die Bibel diskutierten. Sandro hat sich seitdem zu einem absoluten Vorbild nicht nur des Klubs, sondern auch der Stadt Mainz entwickelt. Extrem beliebt bei den Spielern durch seine nahbare und humorvolle Art, aber auch durch authentisches Vorleben in Sachen Leidenschaft und Hingabe. Überhaupt gehören all diese Protagonisten, die ihr auf den nächsten Seiten kennenlernen werdet, zur Kategorie „Star mit Herz"! Thilo Kehrer, Robert Bauer, Benny Henrichs, allesamt

Jürgen Klopp im Umgang mit seinen Fehlern auch noch selbstkritisch ist („Ich bin selber schockiert, wenn ich mich so brüllen sehe") macht ihn vollends zum „echten Vorbild", weil er sich selbst nicht so ernst nimmt.

David Alaba

Wenn man einem David Alaba zuhört, wie er von seinem Glauben und seiner Liebe zu Jesus schwärmt, dann ist man wirklich „on fire" (entfacht). Weil es einen tief im Inneren berührt, dass ein 25-Jähriger, der zig Millionen auf dem Konto hat und ein Weltstar ist, so persönlich und ergreifend über seine Bewunderung zu Gott und seine Sehnsüchte sprechen kann. Für meinen Kinofilm „Und vorne hilft der liebe Gott" habe ich mir vor einem Jahr David Alaba, Jürgen Klopp und fünf weitere Protagonisten gesucht, die sich ihrer Vorbildrolle für Millionen Fans auch wirklich bewusst sind. Menschen wie du und ich, die an einem Punkt ihrer Karriere gemerkt haben, dass sie trotz fünf Millionen Euro auf ihrem Girokonto nicht wirklich glücklich sind. Sinnsuchende, die dem Beifall der Massen nichts abgewinnen konnten, weil sie merkten, dass sie nur für Leistung geliebt wurden. Austauschbare Hauptdarsteller, die alles erreicht hatten und

trotzdem spürten, dass es da noch mehr geben muss. Spieler, die plötzlich zu Menschen wurden, weil sie sich eingestanden, aufgrund ihrer Fehler und Süchte nicht zum Vorbild zu taugen.

Daniel Didavi

Daniel Didavi vom VfL Wolfsburg ist so einer. Im Film erzählt er, wie er sich selber manchmal nicht leiden konnte, weil er aufgrund einer längeren Verletzung nur am Jammern und voller Selbstmitleid war. Sein Schlüsselerlebnis: eine Reise ins afrikanische Land Benin, die Heimat seines Vaters. Dort trifft er auf wildfremde Menschen, die in totaler Armut leben, ihn aber trotzdem anlachen. Wochenlang lebt er inmitten von gescheiterten Existenzen, die das Leben feiern und glücklich sind, obwohl sie keine Perspektive haben. „Lebe im Jetzt! Hör auf, dich zu bedauern, du hast eine Million Gründe glücklich zu sein!", geht es ihm damals durch den Kopf. Didavi erzählt mir von Scham und einem Aha-Erlebnis, das ihn im Tiefsten seiner Seele verändert hat. Als er nach Hause kommt, sieht er im Spiegel einen anderen Menschen. Ein positiver Kulturschock, der gleichzeitig eine Gottes-Suche auslöst. Da er sich immer für einen Christen hielt, aber die Bibel tatsächlich nie gelesen hatte, setzt er sich hin und liest das Neue Testament zweimal hintereinander durch. „Seitdem lebe ich täglich mit ganz bewusster Freude darüber, dass Gott mich liebt und zu mir steht. Das ist meine Stärke und wird es auch immer bleiben!" Solche Sätze sitzen. Das berührt.

Nach einer Kino-Vorführung in Aachen spricht mich eine Frau um die 60 an und sagt: „Also Herr Kadel, mit Gott habe ich ja nichts am Hut. Aber dieser junge Mann hat mich mit seinen Aussagen so bewegt, dass ich mir morgen früh eine Bibel kaufen werde und dieses

Buch von vorne bis hinten durchlese!" Ein Mitte-20-Jähriger schafft es, eine ältere Dame zu inspirieren. Didavi ist für mich einer, der seine Vorbildrolle mit Leben ausfüllt, weil er wirklich etwas zu geben hat – mehr als nur Autogrammkarten, weil er berühmt ist.

Was macht dich stark?

In diesem Buch begegne ich Vorbildern, die keine Stars sein möchten. Es geht um Mentalität, Glaube, Demut und auch hier wieder um Werte, die diese außergewöhnlichen Protagonisten vermitteln möchten. Die Kernfrage in unseren Begegnungen lautet: „Was macht dich stark?" In meinen Coachings mit Fußballprofis und Leichtathleten stelle ich eine ähnliche Schlüssel-Frage: „Unter welchen Bedingungen bist du die beste Version von dir?"

Beide Fragen setzen voraus, dass wir nie nur Stärken haben, sondern auch schwach sind. Sehr oft begegnen mir diese Superstars sehr selbstkritisch und gestehen, dass sie gerne stärker wären und sich eigentlich nicht erlauben dürfen schwach zu sein. Im Interview mit Werder Bremens Robert Bauer überraschte mich der selbstbewusste Abwehr-Hüne kürzlich mit der Aussage: „Die meisten meiner Kollegen sind unsicher, aber wir alle dürfen das nicht zeigen! Wenn wir Schwäche zeigen, sind wir sofort in einer Schublade, das kann schon das Ende deiner Karriere bedeuten." Wahnsinn! Der große Druck treibt viele von Roberts Kollegen in Kirchen oder, wie einige Spieler von Bayern und auch von 1860 München, in einen gemeinsamen Bibelkreis, zu Hause bei David Alaba oder Rafinha. Das ist Schwäche 2.0. Man schämt sich nicht mehr, dass man zu seinem Glauben steht, weil man spürt, wie sehr es hilft, einen starken Gott neben einem zu haben, der dir im Gegensatz zur Gesellschaft gestattet, schwach zu sein und zu scheitern.

Demütige Idole

Ich habe in den letzten 20 Jahren in meiner Arbeit als Mentor so viele Fußballstars erlebt, die gnadenlos (auch privat) gescheitert sind und vielleicht gerade deswegen Erfolg hatten. Warum? Weil der Zerbruch sie zu einem Neuanfang und zu größerer Entschlossenheit geführt hat. Eine Demütigung hat oft auch etwas Positives, denn sie macht demütig. Das hat mich dazu inspiriert, einen Keynote-Vortrag zu entwickeln, den ich oft bei Firmen halte: „Vom Gescheiterten zum Gescheiten!" Auch Jürgen Klopp kommt darin vor, weil er beides kann: strahlen und scheitern. Einer, der 18 Jahre lang nie Erfolg hatte und sogar dreimal tragisch daran scheiterte, in die Bundesliga aufzusteigen, aber dabei trotzdem demütig

Davie Selke – Vorbild in Sachen „Resilienz"

blieb, anstatt zu verbittern. Klopp verkörpert Resilienz („immer wieder aufstehen") wie kaum ein anderer. In den Social-Media heißt der Scheitern-Hashtag meiner Protagonisten: #comebackstronger. Für viele Spieler ist das eine Lebens-Einstellung, ein kostbarer Wert, den sie einer Fahne gleich vor sich hertragen, wenn sie mit Kreuzbandriss vom Leben auf die Knie gezwungen werden.

Gnädiger Umgang mit Fehlern

Die Protagonisten in diesem Buch scheitern. Früher oder später. Wie wir alle. Das Scheitern an sich ist nicht das Drama. Der Held meiner Kindheit „König David" aus dem Alten Testament ist gescheitert, weil er einen Mann töten ließ, dessen Frau er begehrte. Trotzdem blieb David der „Mann Gottes" und mein Held, weil er nicht floh, sondern seine Fehler mit aller Konsequenz bereute. Diesen gnädigen Umgang mit Fehlern müssen wir in Deutschland noch lernen. Laut einer Studie der Uni Lüneburg, in der 61 Länder bezüglich ihrer Fehlertoleranz, also dem Umgang mit dem Scheitern, untersucht wurden, lag Deutschland auf dem vorletzten Platz. Geringer war die Bereitschaft, Fehler als unvermeidlich anzusehen und aus ihnen zu lernen, nur in Singapur – wo man bekanntlich in den Knast wandert, wenn man auf der Straße einen Kaugummi in die Hecke spuckt.

In unserer überforderten Gesellschaft vermissen wir die großen, standhaften Vorbilder, die über Strahlkraft und Charisma verfügen und ein ganzes Volk inspirieren. Der Fußball hat sie noch. Aber wir sollten auch den kleinen Vorbildern eine Bühne geben, wenn sie uns mit ihrer Herzensbildung berühren. Wie zum Beispiel meine Nachbarin, die ihrem behinderten 5-jährigen Mädchen, das manchmal stundenlang vor lauter Hilflosigkeit schreit, mit so viel Liebe und Geduld begegnet, dass ich darüber nur staunen kann. Mutter Susan, immer freundlich zu jedermann, nie am Beschweren, hilfsbereit, wo sie nur kann, und das, obwohl ihr einziges Kind den Alltag oft extrem schwer macht. Susan ist ein echtes Idol für mich in Sachen Hingabe und Menschlichkeit – ein bewundernswertes Vorbild!

Viel Spaß nun beim Kennenlernen dieser außergewöhnlichen Stars – die ich euch in meinen Begegnungen als ganz normale Menschen vorstellen möchte.

Euer David Kadel

David Kadel arbeitet als „Inspirations-Trainer" mit Fußball-Profis sowie der Deutschen Leichtathletik-Nationalmannschaft und berät Firmen mit seinem Konzept H.E.R.Z.E.N.S. Coaching. Der gebürtige Perser hat ein Buch über Gebetserhörungen geschrieben: „Wenn Du für Sonne betest lass den Schirm zu Hause!", und tourt gerade durch die deutschen Programm-Kinos mit seinem Film „Und vorne hilft der liebe Gott" mit Jürgen Klopp und sieben weiteren Fußballstars.

www.davidkadel.de
www.undvornehilftderliebegott.de

11

Jürgen Klopp
der Herzens-Mensch

FC LIVERPOOL

In unserem siebten gemeinsamen Projekt erlebe ich Jürgen Klopp noch gereifter und reflektierter als zuvor: „Die Welt ist ein verrückter Ort geworden!", sagt er in unserem Gespräch. Ein Satz, über den ich noch lange nachgedacht habe, denn er zeigt, wie sehr Klopp sich Gedanken macht über Ungerechtigkeiten, Nächstenliebe und seine Vorbild-Funktion. Im harten Männersport Fußball spricht man selten über Gefühle, aber ich muss gestehen, ich liebe diesen „Kloppo", da er für mich der authentischste und warmherzigste Typ im oft kalten Fußball-Business ist.

David Kadel: Kloppo, da wir beide gutes Essen lieben, muss ich dich zuerst nach der englischen Küche fragen: Ist sie wirklich so schlimm, oder hast du inzwischen etwas Leckeres entdeckt, worauf du nach zwei Jahren in Liverpool nicht mehr verzichten möchtest?

Jürgen Klopp: Ja, absolut! Ich liebe diese Fish & Chips! Aber ich war auch früher schon mal in England. Damals, mit 18, bin ich vier Wochen mit dem Zug unterwegs gewesen.

Das war die Bed-&-Breakfast-Zeit und eine ganz coole Art zu reisen. Mit dem „Interrail", für die, die sich erinnern. Für 400 Mark konnte man ganz Europa mit dem Zug bereisen. Man musste nur so ein Heftchen dabeihaben und dort reinschreiben. Und zu dieser Zeit habe ich Fish & Chips kennengelernt. Das wurde in Papierfetzen serviert, die vor Fett getrieft haben. Ich fand das früher immer komisch, aber es ist tatsächlich extrem lecker. Ich esse das total gern, um ehrlich zu sein. Und es ist

auch nicht so, dass die Engländer nicht kochen können; die haben einfach ein anderes Geschmacksempfinden. Sie verwenden viel Minze, etwa in den Pies, und das bin ich nicht mehr gewohnt.

David Kadel: Hast du eigentlich auch mal ein freundliches Gesicht machen müssen, bei irgendeinem Essen, das dir absolut nicht geschmeckt hat? So ein Essen, bei dem man denkt: „Boah, das kann man nicht essen"? Also ich erinnere mich, dass ich fast einen Brechreiz bei Steak und einer Kidneypie hatte. Schon mal so eine Mahlzeit vorgesetzt bekommen?

Jürgen Klopp: Nee, das hängt bei mir mit der Erziehung zusammen. Bei meiner Mutter, einer schwäbischen Hausfrau, hieß es: „Was auf den Tisch kommt, wird gegessen." Ich bin da relativ viel Kummer gewohnt. Ich habe oft Sachen gegessen, die auf meiner Liste nicht ganz oben stehen. Und noch nie habe ich etwas wieder ausgespuckt. Ist irgendwie in meiner Kindheit verankert. Es würde mir im Restaurant sehr schwerfallen zu sagen, dass es mir nicht geschmeckt hat. Eine andere Antwort als „sehr gut" geht mir praktisch nicht über die Lippen.

David Kadel: Gut erzogen, der Junge! Hast du eigentlich schon „deinen Pub" um die Ecke gefunden? Oder kannst du dir das gar nicht erlauben wegen der Paparazzi?

Jürgen Klopp: Meinen heimischen Pub, den gibt's wirklich und ich mag ihn sehr. Wir wohnen ja in einem kleinen Ort, 14 Meilen

„Kloppo & Lewa", Freunde aus BVB-Zeiten

außerhalb von Liverpool. Hier gibt's viele Pubs und die Leute hier sind tiefenentspannt. Ein kleines Fischerdörfchen. Sehr angenehm und unproblematisch, dieses „Freshfields". Da darf man auch Hunde mit reinnehmen. Also, unsere Emma bekommt dort auch immer ihr eigenes Plätzchen.

David Kadel: Die Engländer sollen ja richtige Feierbiester sein. Kannst du das bestätigen, oder gab's noch nichts zu feiern?

Jürgen Klopp: Wenn Engländer feiern, dann feiern sie extrem. Die absolut seriösesten Leute, aber wenn es ans Feiern geht, fallen alle aus den Schuhen und haben richtig Spaß. Immer Vollgas. Auch am nächsten Tag, egal wie dick

der Schädel ist, sie sind wieder am Start. Ich habe bei mir im Haus Nachbarn gehabt, die erkennst du abends nicht wieder, und einen Tag später siehst du sie im Anzug und denkst dir „okay". Es ist Wahnsinn, was die wegstecken können.

David Kadel: Apropos Kater, wie ist die Stimmung nach dem Brexit?

Jürgen Klopp: Das ist natürlich Dauerthema in den Medien. Beim FC Liverpool haben wir aber zum Glück genügend andere Themen. Aber es ist schon Wahnsinn, was da in England passiert ist. Generell, wie sich unsere Gesellschaft verändert, finde ich spannend und alarmierend zugleich.

David Kadel: Wie erklärst du dir, dass Politiker „Marke Gebrauchtwagenhändler" leider immer mehr Zuspruch und Macht bekommen? Wie erklärst du dir dieses Phänomen?

Jürgen Klopp: Punkt Eins: Schwachköpfe gibt es überall, das schon mal vorneweg. Früher hat man die nicht gehört, weil Social Media noch nicht so präsent waren. Da hat man gesagt: „Denk erst mal, bevor du sprichst." Heute muss man das erweitern und sagen: „Denk erst mal, bevor du schreibst."

Für mich gab es zwei demokratische, große Missverständnisse der letzten Jahre. Brexit und Trump. Die, die gegen Europa sind, waren laut, die für Europa sind, waren nicht laut, weil sie sich nicht vorstellen konnten, dass etwas Derartiges passiert. So hat quasi nur eine Seite Wahlkampf betrieben und das bewirkte, dass am Ende der Brexit mit 51 Prozent gewonnen hat. Doch es haben nur 70 Prozent gewählt – jetzt wird's kompliziert – und von den 30 Prozent, die nicht gewählt haben, hätten aber 100 Prozent für Europa gestimmt. Wahnsinn, bei einer solchen Entscheidung, die wirklich überaus wichtig ist. Die einzige Lösung ist, dass wir das künftig gemeinsam lösen, das zusammen angehen und eben nicht in einzelnen Gruppen. Dass so etwas passieren kann, das ist für mich ein demokratisches Missverständnis.

Und ein anderes Missverständnis ist tatsächlich das amerikanische Wahlsystem. In einem Land mit 300 Millionen Einwohnern waren die einzigen beiden Optionen Hillary Clinton und Donald Trump. Das ist schon mal ein Zeichen dafür, dass da irgendwas falsch gelaufen ist, wenn da nicht mehr Leute zur Wahl stehen. Und selbst wenn mehr Amerikaner für Hilary Clinton stimmen, gewinnt trotzdem Trump, weil es das Wahlsystem einfach so hergibt. Das ist ein riesiges Missverständnis.

Obwohl die meisten ihn gar nicht wollten, ist er trotzdem da, weil sie im falschen Staat gewählt haben. Das sind Dinge, die auffällig waren, deswegen konnte das passieren. Ich würde sagen, ein bis zwei Regeln sollte man mal überdenken.

David Kadel: Ist die heutige Bedeutung von Fußball auch wert, darüber nachzudenken?

Jürgen Klopp: Absolut! Da stand einmal ein Gehirnchirurg neben mir, also ein Mensch, den wir eigentlich bewundern müssten, und dann fängt der an zu stottern, nur weil neben ihm dieser Typ vom FC Liverpool steht.

Herz- oder Hirnchirurgen, also Menschen, die wahnsinnig intelligent sind, die uns in Ausnahmesituationen das Leben retten, können ja trotzdem Fußballfans sein, klar. Aber dass ausgerechnet ich derjenige bin, neben dem die Leute dann stottern, ist schon verrückt. Im Endeffekt ist es ja nur Fußball. Denn es gibt ja auch coole Persönlichkeiten, die aus unterschiedlichen Gründen wirklich eine Vorbildfunktion haben könnten, aber da fühl ich mich jetzt natürlich nicht dazugehörig. Es hängt einfach mit der maximalen Öffentlichkeit zusammen, die Fußball genießt, und ich finde das oft sehr strange.

David Kadel: Neymar und die 222 haben viele negative Diskussionen über die Entwicklung des Fußballs ausgelöst, aber auch eine gute. Die Aktion von Juan Mata und Mats Hummels, die sagen: Wir suchen Fußballprofis, die ab sofort ein Prozent ihres Gehalts dauerhaft spenden. Wie findest du diese Aktion?

Jürgen Klopp: Generell bewundere ich Menschen, die, wie beispielsweise Ärzte ohne Grenzen, selbstaufopfernd an die unwirtlichsten

Orte dieser Welt gehen, um vor Ort zu helfen. Ich bin das nicht. Ich war nie Mutter Teresa. Ich versuche auf meine eigene Art zu helfen und zu unterstützen, wo ich nur kann. Die Aktion von Juan und Mats finde ich außergewöhnlich gut! Das sind die wenigen positiven Dinge, bei denen ein bekannter Name tatsächlich nutzen kann. Denn es würde reichen, wenn sie das anonym machen würden. Aber es ist toll mit anzusehen, dass die auch noch andere Profis aufrufen, mitzuhelfen. Ich habe auch noch keine Kritik zu ihrem Projekt gelesen. Und wer die Zahlen der Jungs kennt, der weiß, dass dabei einiges zusammenkommt. Eine großartige Geschichte. Das ist Vorbildfunktion, dafür nutzt man Öffentlichkeit. Fantastisch.

David Kadel: Du hast ja kürzlich deinen fünfzigsten Geburtstag gefeiert. Wird man da langsam altersweise? Beziehungsweise, schaffst

du es, deine Zufriedenheit von äußeren Umständen unabhängig zu machen?

Jürgen Klopp: Also dieses Lechzen nach Ergebnissen und Results, darunter leiden die Jungs im Fußball heute sehr viel. Und es ist tatsächlich ein ehrenwertes Ziel, sich davon unabhängig zu machen. Meine grundsätzliche Lebenszufriedenheit basiert oder verändert sich nicht durch ein Ergebnis. Ich darf Trainer sein, das ist vielleicht das Einzige, was ich wirklich gut kann, und ich habe eine Familie, die ich mir in meinen kühnsten Träumen nicht hätte erträumen können. Dementsprechend bin ich ein sehr glücklicher und zufriedener Mensch. Ich muss zugeben, nach einer Niederlage nach Hause zu fahren und sie dort zu verarbeiten, macht mich nicht zufrieden oder glücklich. Aber das sind Momente. Es mag erstrebenswert sein, immer glücklich und zufrieden zu

Tuchel, Heidel und Klopp, beim Abschied von 05-Legende Noveski

sein, aber das ist unmöglich. Weil es einfach Ausschläge gibt. Aber das Zurückfinden in die normale Spur und der Zeitraum, in dem das gelingt, machen den Unterschied aus. Nicht stehen zu bleiben und einigermaßen zügig das Licht am Ende des Tunnels zu sehen, da bin ich schon relativ gut drin.

David Kadel: Würdest du heute etwas ändern wollen, das dem jungen Kloppo damals nicht so gut gelungen ist?

Jürgen Klopp: Ja, absolut. Ich wäre gerne als junger Vater cooler gewesen. Keine Ahnung, ob das möglich gewesen wäre, aber das würde ich ändern, und ich bin echt froh, dass sich vor allem Marc nicht an diese schwierigen ersten drei bis vier Jahre erinnert.

Diese tolle Patchwork-Familie haben zu dürfen ist das allerschönste in meinem Leben und macht mich extrem glücklich. Fehler gehören in Beziehungen nun leider dazu, aber man ist glücklich, wenn man erlebt hat, dass der liebe Gott seine Hand drüberhält.

David Kadel: Immer mehr Profis bekennen sich offen zu ihrem Glauben, durch Tattoos, Gesten und die Medien. Empfindest du es auch als kurios, dass der Glaube an Gott in der Gesellschaft immer mehr abnimmt, aber ausgerechnet im Profifußball eine gegenläufige Entwicklung zu beobachten ist?

Jürgen Klopp: Dass immer mehr Fußballer diese christlichen Symbole auf dem Körper tragen, zeigt, wie viel Halt einem der Glaube in diesem ständigen Druck gibt.

Außerdem kann man Gott auf diesem Weg sichtbar machen. Was ich sehe, das kenne ich. Aber nicht alle, die christliche Symbole auf der Haut tragen, leben auch tatsächlich den

christlichen Glauben. Viele drücken damit ihr Glück aus, um zu zeigen, dass ihnen jemand dabei geholfen hat, dahin zu kommen, wo sie jetzt sind. Klar, der Glaube an die eigene Stärke hängt oft auch mit dem Glauben an ein starkes Selbst zusammen. Deshalb ist der Glaube im Fußball, wo du nur Erfolg hast, wenn du an dich selbst glaubst, viel ausgeprägter als in der Gesellschaft. Ich finde es toll, dass sich so viele junge Burschen mit Gott beschäftigen. Es ist wirklich wichtig, gerade in diesen verrückten Zeiten einen festen Glauben an Gott zu haben.

David Kadel: Ich verfolge gerne deine Pressekonferenzen. Wie hast du eigentlich so gut Englisch gelernt? Hast bestimmt vor zweieinhalb Jahren, als du nach Liverpool kamst, im Auto eine CD „Learning english" eingelegt, oder?

Jürgen Klopp: Nein, so viel Zeit hatte ich nicht. Das Ganze ist in einer Woche abgelaufen. Ich war im Urlaub, als die Anfrage kam, und dann hatte ich eine Woche Zeit. Und in der Woche habe ich tatsächlich zu Hause mit meinem Smartphone gesessen, hab mir eine unfassbar teure English-App für 28 Euro runtergeladen, und dann dachte ich einfach so über die Sachen nach, die mir wichtig sind. Danach habe ich jedes einzelne Wort nachgeschlagen und war selber überrascht, wie viel ich mir davon merken konnte.

David Kadel: Und deine berühmten Kloppo-Aggressionen, wenn du mal jemanden anschreist, wie muss ich mir das auf Englisch vorstellen? In Deutschland hättest du ja wahrscheinlich gesagt: „Ey, du Blinder!"

Jürgen Klopp: Das ist ehrlich gesagt total schwierig. Also, ich hab immer noch ein paar Schimpfworte drauf, aber bei mir kann man das ja schon im Gesicht ablesen, wenn ich sauer bin. ‹beide lachen herzhaft!›

Jürgen Klopp: Ich habe mir am Anfang viele Gedanken darüber gemacht, was ich in der Kabine vor einem Spiel zu den Jungs sagen soll. Da kochen die Emotionen schon ohne Worte fast über. Aber als ich anfangen wollte, haben die Spieler einfach losgelegt und in den knapp drei Minuten ist ungefähr 47.000 Mal das Wort mit „F" gefallen. So, und dann hab ich mir gesagt: „Ok, das ist wohl die englische Art sich zu motivieren, das übernehmen die schon selber."

David Kadel: Fernsehen auf Englisch?

Jürgen Klopp: Klar! Ulla und ich haben gestern Abend den Film „Rob Roy" geguckt.

David Kadel: Mit Liam Neeson?

Jürgen Klopp: Ja, genau, und Jessica Lange.

David Kadel: Aha, und …?

Jürgen Klopp: Ja, war nett. Romantic movies at home. ‹lacht!›

David Kadel: Und Fußballausdrücke wie Champions League, Pressing, Packing und so weiter werden ja immer mehr zu Anglizismen. Aber was heißt denn eigentlich „Dopingkontrolle"?

Jürgen Klopp: Piss check. Hahaha.

David Kadel: Der Klassiker, oder?

Jürgen Klopp: Ob du's glaubst oder nicht, damals in Dortmund, in meiner letzten Saison, wurde Lukasz Piszczek definitiv sieben Mal in der Saison ausgelost, zur Dopingkontrolle.

David Kadel: Nein!

Jürgen Klopp: Ja. Absolut!

David Kadel: Self fulfilling prophecy name! Um einen gewaltigen Sprung zu machen, wie bist du eigentlich zum Fußball gekommen?

Jürgen Klopp: Mit dem Bus die 33 A von Glatten nach Freudenstadt. ‹beide lachen – lang!!› Ok, ernsthaft. Mein Vater war ein Sportfreak und auch ein sehr guter Fußballer, Torwart übrigens! Und die Turnhalle war direkt bei uns gegenüber. Also, die Schule war direkt vorm Elternhaus, gleich daneben auch die Turnhalle. Und als das erste Mal im Winter das Licht anging und ich dann als 5-Jähriger auf Schwäbisch gefragt habe: „Was macha die da drübe?", musste meine Mutter erstmal nachfragen. Dort wurde die E2 in Glatten gegründet, also für die ganz Kleinen. Bambinis und so'n Zeug, das gab es ja damals direkt nach dem Krieg noch nicht ‹lacht laut!› Und da bin ich dann rübergegangen und hab dort angefangen. Und es war „Liebe auf den ersten Blick".

„The Normal One" meets „The Special One"

David Kadel: Der Beginn einer zauberhaften Karriere ‹lacht›

Jürgen Klopp: Genau. Und im ersten Pflichtspiel hab ich mir das Schlüsselbein gebrochen.

David Kadel: Ohhhhh!

Jürgen Klopp: Gegen Freudenstadt. Spielvereinigung Freundschaft. Aber meine Eltern waren nicht da. Die hatten damals eine Kreuzfahrt gemacht und da bin ich, wie viele Male später in meiner Karriere, auf den Ball getreten und dumm auf die Schnauze geflogen. Und hab mir damals das Schlüsselbein gebrochen. Aber der Opa war dabei, der Karl. Der Knochen stand raus, aber der sagte: „Desch is nix! Ja? Kannste trotzdem weiterspielen!"

David Kadel: Nein!

Jürgen Klopp: Doch, doch! Es gab richtig Theater, als meine Mutter nach Hause kam und ich einen Knochen rausstehen hatte. Der Opa hat gesagt: „Der heult ein bissle. Aber ist net schlimm!" Das war der Beginn meiner wahnsinnigen Karriere: auf den Ball getreten und das Schlüsselbein gebrochen.

David Kadel: Das passt irgendwie zu dir.

Jürgen Klopp: ‹Lacht laut› Da gibt's einen Haufen Leute, die das genauso sehen würden.

David Kadel: Viele Kids wollen Profifußballer werden und Erfolge wie in Dortmund und Liverpool einspielen. Welche Eigenschaften muss ein junger Spieler heutzutage für dieses Ziel mitbringen?

Jürgen Klopp: Na ja, wie bei allen Dingen im Leben musst du mit Leidenschaft dabei sein, wenn du Erfolg haben willst. Also, es reicht nicht, habherzig an eine Sache zu gehen, nur weil es grade eine gute Chance ist, viel Geld zu verdienen. Dazu ist der Weg viel zu lang. Das hält dich nicht in der Spur. Du musst das lieben, was du da tust. Und so sollte es einem leichtfallen, mehr für die Sache zu tun als andere.

David Kadel: Also Herzblut und Disziplin als Grundlage für Erfolg?

Jürgen Klopp: Klar! „D" wie Disziplin. Das ist unabdingbar bei der ganzen Geschichte. Es funktioniert nicht, so wie manche jungen Leute denken, dass Talent alleine ausreicht. Man muss für den Erfolg alles geben. Und wenn einer voreilig sagt: „Na ja, ich hab doch alles versucht und es hat nicht gereicht!", würde ich mich fragen, ob das wirklich stimmt. Erfolg hat

„Walk like an Egyptian!" mit Liverpools Mohamed Salah

viel mit Akribie und Beharrlichkeit zu tun. Absolute Entschlossenheit. Das fehlt vielen.

David Kadel: Denkst du, dass die Ablenkung durch diesen ganzen Social Media Shit, Stichwort „Reizüberflutung", zur Folge hat, sich nicht mehr auf eine Sache konzentrieren zu können?

Jürgen Klopp: Du sagst es. Im Vergleich zu früher, wo wir in unserer Jugend nur drei Fernsehprogramme und ein Videospiel von Atari – das Strichtennis – hatten, ist das heute schon schwieriger geworden. Es ist für die Kids eine große Herausforderung, sich bei all dem nicht ablenken zu lassen. Dabei trotzdem „in der Spur zu bleiben" und für den Erfolg alles zu tun, das ist einem selbst überlassen. Eigenverantwortung muss man verinnerlicht haben, dann kommt auch der Erfolg, wenn man sich komplett, also zu 100%, auf seine Träume, seine Ziele einlässt.

David Kadel: Wie hat dein „Mehrtun" damals ausgesehen?

Jürgen Klopp: Wir waren damals total auf diese eine Sache konzentriert. Wenn keiner zum Kicken da war, dann hast du halt einen halben Tag lang mit links gegen das Hoftor geschossen. Da war dann der linke Fuß irgendwann besser, weil du extrem viel Zeit darin investiert hast. Und wenn du's mehr als alles andere willst, musst du eben besonders viel dafür tun. Also viel mehr als alle anderen, es gibt da kaum einen anderen Weg, es sei denn, du bist ein Jahrhunderttalent. ‹lacht›

David Kadel: Dein Kapitän, Jordan Henderson, hat einen schönen Satz über dich gesagt.

Jürgen Klopp: „Er überträgt sein Ethos sehr gut auf die Mannschaft."

David Kadel: Was meint Jordan damit? Was für einen Spirit überträgst du da täglich auf deine Jungs?

Jürgen Klopp: Es geht tatsächlich darum, dass ich mittlerweile 50 Jahre alt bin, und jeden Tag, an dem ich das machen darf, was ich mag, empfinde ich als ausgesprochenes Glück. Es gibt wichtigere Dinge im Leben als Fußball. Da sind wir uns alle einig, das weiß ja sogar ich. Aber um ehrlich zu sein, das ist auch das Einzige, was ich so gut kann. Und dass meine Qualitäten als Trainer jetzt immer noch gefragt sind und ich die Chance bekommen hab, das ausleben zu dürfen, – dieses Glück kann ich immer noch kaum fassen. Ich denke, dass man mir mein Glück anmerkt, und diese Begeisterung überträgt sich dann eben auch auf die Jungs. Ich glaube, das ist am Ende die neue Kultur des Führens, worüber wir in Mainz auch schon gesprochen haben: Wenn man andere begeistern will, muss man selbst zu allererst begeistert sein. Und am Ende funktioniert das große Ganze, ob Fußballteam oder Firma, weil alle über das froh sind, was sie tun dürfen. Das hat viel mit Dankbarkeit und der richtigen Haltung zu tun.

David Kadel: Du hast einmal gesagt: „Ich liebe meine Jungs." – Das hört man nicht oft von Trainern in diesem Business.

Jürgen Klopp: Ja, weil ich das total gerne mache. Ich mag den Umgang mit den Kerlen, ich mag Fußballer per se. Weil wir alle einen ähnlichen Lebensweg haben, mit Verzicht und der Fokussierung auf das ganz große Ziel.

Diese Lebensschule, die der Fußball durchaus auch liefert, die finde ich total spannend. Der Umgang mit den Jungs, ihre Probleme mit fortschreitendem Lebensalter – und zunehmender Lebenserfahrung, Werte weitergeben zu können, das macht mir schon außergewöhnlich viel Spaß. Also, ich lass mich da komplett auf die Burschen ein und ich interessiere mich auch für den kleinsten Teil ihrer Persönlichkeit, weil ich einfach glaube, dass es wichtig ist, sie als Menschen zu kennen – nicht nur als Spieler –, um dann die richtigen Maßnahmen zu ergreifen.

David Kadel: Also erlebst du, wie Spieler es dir quasi mit ihrer Leistung danken, weil du sie wie Menschen behandelst und nicht als „Nummer auf einem Trikot"?

Jürgen Klopp: Na klar, Wertschätzung ist der Schlüssel. Da hab ich total Bock drauf, das mit den Jungs täglich zu leben und sich komplett darauf einzulassen, das finde ich total wichtig. Das erwarte ich natürlich auch von den Burschen. Aber Familie bleibt dabei trotzdem Nummer eins. Wenn einer von ihnen ein familiäres Problem hat, irgendjemand krank ist, völlig egal wer. Wenn der Mensch dir wichtig ist, fahr, geh, egal, welches Spiel morgen ist.

„Ich bin nicht mit 100 % bei der Sache, wegen gewisser Vorfälle", das kann ich akzeptieren. Aber danach bitte wieder zu 100 % darauf einlassen. Das fällt mir persönlich leicht, weil ich liebe, was wir tun. Das erwarte ich natürlich auch von den Jungs, weil wir hier in Liverpool nichts „mal eben so" erledigen, sondern mit wirklich allem, was wir in uns haben.

David Kadel: Jürgen, ich muss dir etwas gestehen. Ich werde ab und zu von Firmen eingeladen, Vorträge zu halten und beim Thema „Werte" habe ich von dir geklaut. Mir fiel auf, dass du viel über Dankbarkeit, Demut, Dienen und Disziplin sprichst, also habe ich das als „4D" von Kloppo bezeichnet. Die Leute mögen's tierisch!

Jürgen Klopp: Na cool, das freut mich.

David Kadel: Ich glaube, man kommt als Persönlichkeit wirklich weit. In der Bundesliga heißt es inzwischen sehr oft: „Wir suchen Fußballer, die Persönlichkeiten sind!" Würdest du sagen, diese „4 Ds" sind die Werte, die wir gerade im Fußball neu entdecken, weil wir merken, dass es am Ende doch alles auch Menschen sind?

Jürgen Klopp: Absolut! Aber das ist nicht nur auf Fußball bezogen. Das ist schon auf das Leben übertragbar. Also, ich finde, das eine „D" für Dankbarkeit ist eins der wichtigsten Dinge überhaupt. Alles andere würde Vergessen und Undankbarkeit bedeuten.

Ist man krank, will man nur gesund sein. Ist man gesund, möchte man alles andere haben. Das ist eben so, eine ganz einfache Geschichte, man darf nur nicht vergessen, wer was für einen getan hat. Das ist unglaublich wichtig. Alles andere ist ignorant und Ignoranten sind in den meisten Fällen nicht wahnsinnig beliebt.

David Kadel: Im Dankbarsein sind wir Deutschen ja nicht wirklich Weltmeister. Es gibt so 'ne Studie, da sind wir Deutschen aktuell auf Platz 24. Dankbarkeit geht uns hierzulande ein bisschen ab.

Jürgen Klopp: Ja, denn wenn wir Dinge für selbstverständlich nehmen, dann ist das sozusagen der Totengräber der Dankbarkeit. Wir müssten nur mal zwei, drei Monate in einem

Wenn zwei 67er Schwaben einen Film zusammen drehen

können, sind unsere Söhne. Und die sind heute wie Brüder.

Das sind jetzt beste Freunde, und auch meine besten Freunde, das ist natürlich eine Sensation. Und wenn wir vier zusammen sind, empfinde ich das als großes Glück. Wenn ich dann so richtig zufrieden mit denen dasitze, muss man mir das Grinsen schon aus dem Gesicht schießen. Dann bin ich wirklich demütig, wenn ich sehe, wie viel Glück ich da habe.

David Kadel: Klingt wunderschön. Und danke für das Stichwort Demut. Ich finde, das ist ein Begriff, der gerade in der Gesellschaft ausstirbt. Das ist so ein altes Wort von Luther von ganz früher: „Demut". Wer spricht denn heute schon über Demut?

Jürgen Klopp: Das stimmt, aber es ist mit das Wichtigste im Leben. Ich hasse es, wenn jemand etwa kein Trinkgeld gibt. Ich hab mal eine kurze Zeit in meinem Leben in der Gastronomie gearbeitet. Und wer da arbeitet, findet Trinkgeld super, weil noch niemand hinterm Tresen reich geworden ist. Für mich gehört das dazu, wenn man ausgeht. Man muss mich fast schon zügeln beim Trinkgeldgeben. Ich möchte ganz sicher nicht großkotzig erscheinen, ich möchte einfach nur Empathie zeigen. Selbst wenn ich dem Kellner 20 Pfund gebe und er sagst: „Bist du geisteskrank?", wird er davon auch nicht reich. Aber es ist eine schöne Wertschätzung. Diese Alltagsgeschichten halte ich für wichtig. Und dann gibt's Leute, die geben keins, weil sie sagen: „Also, es ist schon teuer genug!" Ja, dann geh halt nicht essen, bleib zu Hause und koch dir was. ‹*lacht herzhaft*›

dieser Dritte-Welt-Länder leben, in denen die Menschen ums Überleben kämpfen. Wir würden zurückkommen und plötzlich erkennen, wie gut es uns hier eigentlich geht. So wird man ein dankbarer Mensch.

David Kadel: Wofür bist du dankbar?

Jürgen Klopp: Ich bin für meine familiäre Situation dankbar. Wir sind ja 'ne Patchworkfamilie, und unsere beiden Jungs aus erster Ehe hätten theoretisch sagen können: „Alles cool! Jürgen und Ulla finden sich irgendwie ganz klasse. Aber ich finde, der andere ist ein Schwachkopf." Die einzigen Menschen, die diese großartige Beziehung hätten verhindern

Hatten immer viel zu lachen „Kloppo & Rosi" (Marco Rose, Trainer RB Salzburg)

David Kadel: Also Geben macht glücklich? Das hat Jesus schon vor 2000 Jahren gesagt.

Jürgen Klopp: Absolut! Wir haben einfach Glück gehabt, dass wir hier groß geworden sind. Dafür haben wir relativ wenig getan. Wenn du jetzt die Flüchtlingskrise siehst, ist das natürlich Wahnsinn, als wären wir diejenigen, die dafür gesorgt hätten, dass es sich lohnt, hier in Deutschland zu leben! Das waren andere Leute. Und jetzt verweigern wir. Natürlich ist es nicht möglich, die Tür zu öffnen und zu sagen: „Kommt alle hierher!" Das funktioniert nicht. Aber es gibt viel menschlichere Lösungen. Und andere Leute für meine Probleme verantwortlich zu machen und dann zu sagen: „Wenn ihr hierherkommt, dann wird mein Leben schlechter. Was wollt ihr hier?" – ganz großer Schwachsinn! Das zu beobachten, tut richtig weh. Das ist das volle Ausmaß von Undankbarkeit, weil es bedeutet, dass ich zwar gut finde, wie ich es hier habe, aber die anderen sollen gefälligst nix davon abbekommen. Das funktioniert so nicht. So wird die Welt niemals funktionieren, wenn wir alle so denken.

David Kadel: Die Werte, über die wir gerade sprechen, Dankbarkeit, Demut und dergleichen, inwiefern ist der Glaube dein Leitfaden für so was?

Jürgen Klopp: Also, jeder Wissenschaftler kann mir erklären, was er will und über den Urknall sprechen, aber das ändert überhaupt nichts an meinem Glauben. Er ist mein absoluter Stabilisator, weil ich felsenfest davon überzeugt bin, dass das eben kein Zufall war, sondern dass alles gewollt ist. Es ist zu groß und auch in vielen Bereichen zu großartig, als dass das Ganze aus einer Explosion heraus zufällig entstanden sein soll. Der Glaube führt mich durchs Leben, ist meine absolute Reißleine und meine Leitlinie. Ich habe manchmal das Gefühl, nicht genug danach zu leben, aber trotzdem verstanden zu werden. Weil der Gott, den ich mittlerweile kennengelernt habe, sagt: „Der ist weit davon entfernt, perfekt zu sein, aber so schlimm ist er auch nicht. Also darf er dabeibleiben."

David Kadel: Ich bin froh, dass Gott so über uns denkt.

Jürgen Klopp: Es gibt keine Weltranglisten der Christen. Man muss ja nicht auf Platz eins stehen, sondern darf einfach nicht vergessen, dass Gott da ist. Das muss einem immer bewusst sein. Wir stehen im Leben ganz oft vor Situationen, wo wir ohne diese moralische Leitlinie hilflos und auf uns allein gestellt wären.

David Kadel: In welchen Momenten berührt dich der Glaube an Gott?

Jürgen Klopp: Ich habe sehr oft das Gefühl, dass Gott mir ganz nahe ist. Das tut gut.

David Kadel: Wann betest du?

Jürgen Klopp: Nach wie vor nachts vorm Einschlafen. Aber es kommt auch schon mal vor, dass ich zu müde bin und mit dem Gedanken einschlafe: „Jetzt beten!", und schon bin ich eingeschlafen. Aber dann war mein letzter Gedanke auf jeden Fall bei der richtigen Sache und das ist für mich wichtig. Ich bete zu Gott, dass ich dankbar bin für Dinge, die am Tag passiert sind. Ich denke auch viel an meinen verstorbenen Vater, wenn ich mit Gott spreche. Ich glaube, er ist seit einigen Jahren im Himmel als Tennislehrer tätig.

David Kadel: Wer war es, der dir das Beten so nahegebracht hat?

Jürgen Klopp: Meine Mutter hat immer vor dem Einschlafen mit mir gebetet. Aber das ist eben die klassische, schwäbische Mutter: „Müde bin ich, geh zur Ruh, schließe meine Augen zu. Vater, lass die Augen dein über meinem Bette sein."

David Kadel: Amen! Ist das ein Gefühl von Geborgenheit?

Jürgen Klopp: Also, ich bin nicht erleuchtet worden oder so was. Ich habe einfach nur für mich erkannt, dass ich in Gott jemanden habe, auf den ich mich verlassen kann. Und ich möchte gerne, dass es auch von Gott so gesehen wird. Leider bin ich bei dieser Beziehung der weitaus schwächere Part. Von Gottes Seite aus ist das aber eine extrem verlässliche Partnerschaft und das ist absolut top.

David Kadel: Und wie ist Weihnachten in England?

Jürgen Klopp: Ja, das ist der Knaller. An Heiligabend fährt der Pfarrer durch die Gegend und macht 30-Minuten-Gottesdienste. Ein kurzes „O du fröhliche …" – Bambam – und dann geht's weiter. „The driving church". Wir waren ja am 25. in der Kirche, der große Weihnachtsfeiertag. Ulla, ich und unsere Hündin Emma. Ja, das war cool. Wir haben dann bunte englische Weihnachtspullis angezogen und doofe Fotos gemacht. War alles wunderschön. Dann haben wir auch noch erfahren, dass es in Liverpool 'ne deutsche Gemeinde gibt. Wir werden da immer wieder mal zum Gottesdienst reinschneien.

Generell, wenn ich in einer Stadt eine schöne Kirche sehe, dann gehe ich dort immer rein,

alles verändert hat. Es hat lange gedauert, bis die frohe Botschaft dann tatsächlich auch flächendeckend verkündet wurde, und auf diesem Weg ist auch nicht alles richtig gemacht worden. Aber ich lebe nun mal im Jetzt und es ist die großartigste Tat, die jemals vollbracht wurde. ‹denkt nach … lange Pause› Und wir alle sind nicht ansatzweise in der Lage, das jemals leisten zu können. Aber das müssen wir auch nicht, denn wir haben ja jemanden, der das für uns getan hat. Das ist sehr, sehr tröstlich.

David Kadel: Da muss ich spontan an euer Liverpooler „You never walk alone" denken: Wenn du durch den Sturm des Lebens gehst, halte deinen Kopf hoch, hab keine Angst vor der Dunkelheit, denn du läufst nie allein. Würdest du sagen, das Lied trifft genau deine Glaubensvorstellung von Gott?

Jürgen Klopp: Ja. Absoluter Volltreffer.

David Kadel: Eigentlich ein christliches Lied.

Jürgen Klopp: Viele Dinge, die heute gesagt oder gesungen werden, haben eigentlich einen alten, christlichen Ursprung. Und darum geht es ja, nicht zu vergessen, wo wir eigentlich herkommen, wie alles angefangen hat, und sich immer wieder als Christ bewusst zu machen: Gott lässt dich nie allein. Wenn man dann ganz allein ist, also dieser „lonesome Rider", so ein Lucky Luke, und man aus der Stadt reitet und das Lied alleine pfeift, kann man glücklich sein. Weil man weiß, dass man nicht allein ist. Gott ist immer da. Wir sind alle so gestrickt, dass wir gerne Menschen um uns herum haben, die ähnlich wie wir drauf sind – Familie, Freunde, Glaubensbrüder. Irgendwie ist das von der Kindheit an immer derselbe Wunsch nach Geborgenheit.

das ist auch konfessionsunabhängig, – so ein schöner Dom hat was. Ich kenne nach wie vor nicht alle Rituale, die man machen kann, und meine Knie sind auch nicht dazu gemacht, ständig zu knien. Da bin ich auch ganz froh, evangelisch zu sein, die machen das ja nicht so oft. ‹lacht laut› Aber es sind schöne Orte und man trifft dort die richtigen Leute und das tut einfach gut.

David Kadel: Du hast mal in einem alten Kicker-Interview gesagt, dass Jesus für dich die wichtigste Person der Zeitgeschichte ist. Warum?

Jürgen Klopp: Das ist für mich ganz klar, weil es einfach so ist. Da kommt jemand mit eindeutigen, klaren Aufgaben auf die Welt – die waren ja auch nicht gerade vergnügungssteuerpflichtig – zu den Menschen, um zu beweisen, dass es ihn tatsächlich gibt. Bis hierhin war es ja nicht endgültig klar, zumindest nicht allen. Das war der positive Teil der Aufgabe, aber am Ende lastet er sich alle Sünden auf und lässt sich dafür sogar ans Kreuz nageln. Das ist einfach die einschneidendste Geschichte aller Zeiten, die es für mich als Christ gibt, weil sie

David Kadel: Ich habe jetzt die Geschichte gehört, wie Glaube eigentlich sein soll. Jesus sagt ja, ihr müsst sein wie die Kinder. Ich habe es lange nicht verstanden, bis ich es von Bekannten gehört habe. Ein Sohn kam im Schlafanzug die Treppe runter, so ein kleiner Knirps, gerade sechs Jahre alt. Die Eltern gucken ihn an und er fragt: „Äh, Mama, Papa, ich bin am Beten, braucht jemand etwas?"

Jürgen Klopp: Hahahaha.

David Kadel: Ist doch cool, oder?

Jürgen Klopp: Ja, wunderschön.

David Kadel: Dieses kindliche Denken fällt mir etwas schwer, wir sind ja so verkopft. Alles ist so intelligent und wir müssen ganz gescheit daherschwätzen. Aber so naiv zu glauben wie dieser Junge, fällt dir das leicht?

Jürgen Klopp: Natürlich ist es für uns nicht einfach, denn wir haben im Gegensatz zu diesem kleinen Kerl schon ein paar Kerben vom Leben abbekommen. Und auch feststellen müssen, dass Wünschen allein eben nicht immer reicht.

David Kadel: Das berühmte Jürgen-Klopp-Denglisch: „Life is not …?"

Jürgen Klopp: „Life is not a wishconcert!" Hahaha. ‹beide lachen› Aber man kann das damit erklären, dass der liebe Gott zu viel zu tun hat, als dass er sich um meine neuen Turnschuhe kümmern könnte. Das ist also relativ einfach zu verstehen. Aber ich finde es wunderschön, dass man als Kind diesen Glauben haben darf. Und je länger man wie dieses Kind glauben kann, desto cooler und unbeschwerter ist das Ganze schon. Um ehrlich zu sein, manchmal muss uns Erwachsenen so eine kleine Erbse ein wenig den richtigen Weg zeigen.

David Kadel: Vielen Dank für dieses fantastische Gespräch, Amigo.

Jürgen Klopp: Dir auch, alles Gute. Wir hören uns.

Mit Tottenhams Harry Kane

David Alaba
das Idol

Das österreichische Fußball-Genie wird weltweit für seine Freistöße und Spielintelligenz bewundert, sodass „Klein-David" längst zum Fußballriesen geworden ist und regelmäßig von Barca und Real angebaggert wird. Klar, wenn einer „David" heißt, dann muss er ja einen geilen Schuss haben, doch mich beeindruckt viel mehr seine Persönlichkeit und seine menschliche Reife. Während wir uns darüber unterhalten, warum ihm der FC Bayern Bibelkreis und das Buch der Bücher so wichtig sind, steht er plötzlich auf und sucht minutenlang in seiner Bibel nach einer Geschichte, die ihn „über Gottes Liebe staunen lässt", wie er sagt. Der frühere Ösi-Bengel, dem kein Streich zu albern war, ist erwachsen und ernsthaft geworden.

David Kadel: David, im Fußball wird gerade sehr viel über Mentalität gesprochen, ich habe das Gefühl, mehr als je zuvor. Also die Dinge, die wir nicht messen können, sind plötzlich so wichtig geworden. Was denkst du, woran liegt das?

David Alaba: Ja, ich denke, in den letzten Jahren hat man erst richtig im Fußball erkannt, dass man einfach auch die Mentalität, diese innere Stärke braucht, wenn man ganz nach oben kommen will. Ich bin begeistert, dass wir über all die Jahre beim FC Bayern eine ganz spezielle Mentalität aufgebaut haben, die, glaube ich, sehr wichtig in unserem Klub und innerhalb der Mannschaft ist, aber auch für jeden Einzelnen von uns, der nie zufrieden sein will. Mentalität heißt für mich, immer dafür offen zu sein, sich zu verbessern, um das Maximale herauszuholen. Diese Siegermentalität, die wir bei Bayern besitzen, diese Einstellung, jedes Spiel gewinnen zu wollen, jedes Jahr ganz oben stehen zu wollen, ist schon einzigartig.

David Kadel: Mit Kloppo habe ich mal versucht, das Wort Mentalität so ein bisschen zu definieren, weil im Fußball alle Gas geben. Kloppo sprach von Demut als einen der Schlüssel für Erfolg. Wie schwer ist es denn überhaupt, demütig zu sein in dieser Fußballwelt, wenn an jeder Ecke ein Fan Fotos will und dir jeder zeigt, dass du der Allergrößte bist?

David Alaba: Es ist sicherlich nicht einfach, speziell in diesem Business, wo man hochgejubelt wird, dann trotzdem demütig zu bleiben. Aber man sollte auf jeden Fall Mentalität definieren können, das ist das A und O für Erfolg, dass du weißt, was dich selbstbewusst macht. Als Profi musst du dich immer wieder hinterfragen, was Mentalität bedeutet, und da gehören viele Faktoren dazu, wie sicherlich auch demütig zu sein, dankbar zu bleiben, auch wenn es nicht läuft. Auf der anderen Seite aber trotzdem ehrgeizig zu sein. Jetzt haben wir das WM-Jahr. Klar, jeder will nach Russland und sich mit den besten Spielern der Welt messen. Aber Träumen alleine hilft nicht, für große und außergewöhnliche Ziele musst du eben auch eine außergewöhnliche Mentalität und Einstellung mitbringen. Opfer bringen, mehr machen als nur das, was von dir verlangt wird. Das ist für viele Jugendliche heute sehr schwer geworden, Opfer zu bringen, weil man

immer alles sofort will, aber das ist nun mal die Grundlage für Erfolg.

David Kadel: In Österreich bist du der Megastar und im Fußball die absolute Nummer eins. War das in deiner Jugend ein konkreter Traum, Österreich zu Europa- und Weltmeisterschaften zu führen, oder war das selbst im Traum 'ne Nummer zu groß?

David Alaba: Für mein Land spielen zu dürfen, das ist für mich bis heute noch ein sehr, sehr besonderer Moment. Klar träumst du als Kind davon, irgendwann mal in der Nationalmannschaft stehen zu dürfen. Und dafür bin ich immer noch extrem dankbar. Das erreicht zu haben und für Österreich spielen zu dürfen, macht mich bei jedem Länderspiel wirklich sehr stolz. Das versuche ich dann auch auf dem Platz mit viel Leidenschaft und Esprit zu zeigen.

David Kadel: Genau wie bei Bayern. Ich werd nie vergessen, wie du als 19-jähriger Lümmel vor Schweini, Kroos und den anderen ganz frech den Ball nimmst und vor 80.000 Madrilenen die Kugel an Iker Casillas vorbeidonnerst. Woher kommt bei dir dieses Selbstbewusstsein?

David Alaba: Selbstbewusstsein wird ja nicht vererbt, sondern bedeutet innerlich stark zu sein, an sich und seinem Charakter zu arbeiten, den absoluten Kämpfer-Willen zu haben, um Dinge zu erreichen, die oft unmöglich erscheinen. Und da gehört für mich dann einfach der Glaube an Gott dazu, der dir hilft, deine Grenzen zu sprengen.

David Kadel: Wenn du so sprichst, hört sich das für mich sehr reflektiert an. Woher kommt diese Tiefe und dieser feste Glauben bei dir?

David Alaba: Also, ich bin mit meinen Großeltern jedes Wochenende in die Kirche gegangen, da war ich noch ein ganz, ganz kleines Kind. Und es ist bis heute so, wenn ich in Wien bin, dass ich mit meinen Eltern in unsere Kirchengemeinde gehe. Ich denke, das ist etwas, was ich wirklich brauche, was mir guttut und wodurch mein Vertrauen zu Gott wächst.

David Kadel: Also nicht nur Kirchgänger in Krisen, wie so viele, die ansonsten Gott vergessen?

David Alaba: Ich glaube, dass mir auch manche Schwierigkeiten im Leben geholfen haben, zu dem zu werden, der ich heute bin. Als ich damals von Bayern nach Hoffenheim weggeschickt wurde, weil ich in einigen Spielen Fehler gemacht hatte, da habe ich erstmals erlebt, dass dieser Druck, immer funktionieren zu müssen, schon immens für einen jungen Burschen wie mich ist. Ich habe damals angefangen, mich tiefer mit dem Glauben an Gott zu beschäftigen, ich war zwar schon lange ein Sohn Gottes, aber da habe ich dann viel in der Bibel gelesen und mehr mit Gott gesprochen – über alles. Das hat mir sehr geholfen, dieses Vertrauen, das ich heute in Gott habe, zu festigen. Deswegen bin ich auch immer für die Täler in meinem Leben dankbar, weil sie mich noch enger zur Liebe Gottes bringen. Gottvertrauen ist alles. Wenn du Gott von Herzen vertraust, dass er es gut machen wird, auch in aussichtslosen Situationen, dann wird dein Leben großartig.

David Kadel: Also Glaube als Erfolgsfaktor?

David Alaba: Absolut. Wenn du die richtige Einstellung hast, kommen irgendwann auch der Charakter Gottes und der Erfolg zum Vorschein. Ich denke, dass es im Fußball wie auch im Leben von jedem Menschen oft Situationen oder Phasen gibt, in denen es nicht so gut läuft. Dann beginnt man zu zweifeln. Aber ich glaube, dass man gerade in dieser wichtigen Zeit einfach großen Glauben braucht, um das zu erreichen, was man selbst will und um das zu erleben, wie der Herr es will. Ich denke, dass Gott natürlich einen Plan für jeden Einzelnen

hat und in Krisenzeiten gern hilft. Er belohnt die, die ihm vertrauen.

David Kadel: Wow! Ich bewundere deinen Glauben und deine Haltung, Davy! In vielen deiner Hashtags kommt JESUS vor. Was fasziniert dich an ihm?

David Alaba: Was mich an Jesus fasziniert? Sehr gute Frage. Ich habe in der letzten Zeit versucht, mich mehr mit der Bibel zu beschäftigen. Mich fasziniert es einfach, auf welche Weise Jesus Liebe ausstrahlt. Wie viel Liebe er für jeden Einzelnen hat! Es gibt Phasen, in

Österreichs lebende Legende!

denen ich mich frage, warum er in bestimmten Situationen so gehandelt hat. Seine unendliche Liebe zu uns begeistert mich einfach. Wie Jesus den Menschen mit voller Ermutigung begegnet ist. Dass Gott die Menschen so sehr liebt, ist wunderschön mit anzusehen. Die Bibel sagt oder zeigt mir einfach, wie Gott ist, indem wir sehen, was Jesus für eine Person ist. Das zeigt mir auch, dass die Wörter, die in der Bibel geschrieben stehen, den richtigen Weg weisen und wir versuchen sollten, danach zu leben.

David Kadel: In welchen Momenten spürst du eigentlich Gott in deinem Alltag? Wo merkst du, es gibt ihn wirklich?

David Alaba: Ich versuche einfach so oft wie möglich eine Verbindung zu ihm zu haben,

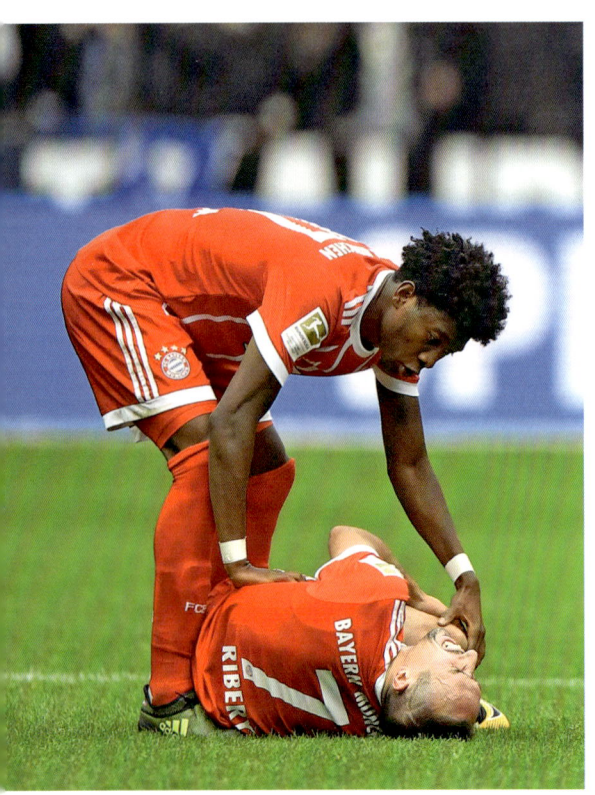

„Erste Hilfe" bei Freund Franck!

egal in welchen Situationen. Natürlich versuche ich auch vor oder während des Spiels mit Jesus in Kontakt zu sein, aber auch außerhalb des Platzes nehme ich mir die Zeit. In kleinen Momenten, eben da, wo ich einfach den Gedanken habe, Gott um Sachen zu bitten, oder mit ihm einfach wie mit meinem besten Freund zu sprechen. Es gibt viele, viele verschiedene Momente, in denen ich merke, dass er da ist.

David Kadel: Hast du eine Lieblingsgeschichte in der Bibel? Die du eines Tages auch deinen Kindern weitergeben wirst?

David Alaba: Die Geschichte vom Lazarus, der schwer krank ist. Die Schwestern Maria und Marta lassen Jesus kommen, weil sie hoffen, dass er ihrem Bruder helfen kann. Doch dann stirbt Lazarus und alle sind schockiert, dass Jesus zu spät kommt, um ihm zu helfen. Als die eine Schwester hört, dass Jesus kommt, läuft sie ihm entgegen und Jesus weiß schon, dass Gott den Bruder wieder heilen und auferstehen lässt. Maria und die Schwester weinen so sehr, dass er mit ihnen geweint hat. Jesus hat mit ihnen geweint, obwohl er schon wusste, dass es gut enden wird. Er hätte ihnen auch sagen können, dass es keinen Grund zur Trauer gibt. Aber nein, er hat in diesem Moment einfach mit ihnen geweint.

David Kadel: Wunderschön. Empathie pur.

David Alaba: Meine Frage war dann einfach, warum weinst du jetzt mit ihnen, Jesus, wenn du eh weißt, dass alles wieder gut wird. Aber das zeigt mir einfach, dass Jesu Liebe JETZT ist. Seine Liebe besteht immer und sie ist größer, als wir erahnen können. Er sieht die Trauer und fühlt mit ihnen, obwohl er weiß, dass Gott

David trifft David im Film „Und vorne hilft der liebe Gott"

ihn wieder auferstehen lässt. Ich weiß, dass Jesu Liebe in dem Moment bei den Menschen ist, in dem sie ihn brauchen. Das hat mich einfach tief beeindruckt.

David Kadel: Sehr eindrucksvoll! Unsere Welt bräuchte mehr von dieser Liebe, wenn man sieht, dass die Klubs bereit sind Hunderte Millionen für einen Spieler auszugeben, und in der nächsten Meldung hört man, wie viele Menschen in der Dritten Welt akut vom Hungertod bedroht sind und kaum einer interessiert sich dafür. Was macht das mit dir, David?

David Alaba: Um ehrlich zu sein, bin ich darüber extrem traurig und man fragt sich, warum das so passieren muss, aber ich vertraue auch da auf Gottes Stärke. Ich glaube, dass er sicherlich noch einen Plan dafür hat, aber wir müssen viel mehr darüber reden und das auch nach außen kommunizieren, wie Juan Mata

und Mats Hummels. Ich finde das sehr, sehr schön und sehr bemerkenswert, einen Prozentsatz vom eigenen Gehalt für Menschen in Not wegzugeben. Also, ich denke, dass es viele von uns Fußballern gibt, die versuchen zu helfen, egal in welchen Belangen. Um den Leuten da draußen zu zeigen: Hey, wir haben euch nicht vergessen, wir sind bei euch, wir wollen euch Gutes tun.

Ich denke aber auch, dass nicht nur Fußballer unterstützen können. Die Industrie und alle, die sehr viel haben, sind in der Pflicht, etwas davon abzugeben. Es ist ein göttliches Prinzip, dem etwas abzugeben, der dich bittet.

David Kadel: Exakt! Aber ich glaube, dieses „dienen" und von Herzen geben, dieses glücklich werden durch „sich verschenken", wie Jesus es gemacht hat, das versteht man erst so richtig, wenn man Gott als Freund hat. Wie würdest du es ausdrücken, was Christsein

konsequent bedeutet, so, dass sich ein Mensch dafür begeistert?

David Alaba: In erster Linie muss jeder seine eigene Entscheidung treffen, ob er mit oder ohne Gott leben will. Das ist auch das, was Gott will. Er zwingt keinen dazu und er sagt ja auch in der Bibel, dass er keinen dazu überreden will. Aber ich denke, dass das Leben einfacher und schöner ist, wenn man sich für den Weg mit Gott, seiner Liebe, seinem Schutz und seiner Treue entscheidet. Da kann ich nur aus meiner eigenen Erfahrung sprechen. Ich möchte einfach ein Licht sein, das steht ja auch in der Bibel.

David Kadel: Ein Licht in vielen Ländern bist du ja schon, mit deinen Millionen Followern weltweit. Du fliegst ja viel. Bist du jemand, der vor dem Fliegen betet?

David Alaba: Ja, ja! ‹lacht› Ich bin ein kleiner Schisser, wenn ich fliege. Und ich bete schon immer, bevor wir abheben.

David Kadel: ‹lacht› Dein schönster Flug bisher?

David Alaba: Mein schönster Flugmoment war sicherlich nach London. Und dann von London nach München, damals 2013, mit dem Champions-League-Pokal an Bord. Das war was Krasses, was Besonderes. Ich bin Gott heute noch sehr dankbar, dass ich diesen Tag erleben durfte. Das ist ein Moment, der mir immer in Erinnerung bleiben wird.

David Kadel: Du hast eine sehr spezielle Autogrammkarte, die man sogar aufklappen kann. Innen ist dann keine Bier-Werbung oder so, sondern du erzählst dem Fan eine, wie ich finde, sehr persönliche Geschichte von deinem Werdegang und deinem Glauben an Gott. Wie reagieren die Fans darauf?

David Alaba: Ich hab bisher nur positive Reaktionen darauf bekommen, vielleicht trauen die sich auch nicht, mich zu beschimpfen ‹lacht›. Nein, ernsthaft, die Fans freuen sich immer, weil das schon etwas sehr Außergewöhnliches ist, mit dieser persönlichen Message. Aber das bin eben auch ich. Ich möchte den Fans etwas von dem weitergeben, was mich stark gemacht hat und was für mich Glück bedeutet. Heißt es nicht, geteiltes Glück ist doppeltes Glück? Also, bisher freuen sich immer alle, die meine Message-Card bekommen.

David Kadel: Gibt's eigentlich noch euren Bibelkreis bei Rafinha zu Hause? Und wie muss ich mir das vorstellen?

David Alaba: Da ist ein Pastor, den wir einladen. Der kommt öfter mit seiner Gitarre, dann singen und sitzen wir gemeinsam mit den Spielern und reden über Jesus und Gott. Das tut jedes Mal richtig gut, weil es den Fokus auf das lenkt, was wirklich wichtig ist – unsere Herzensthemen eben. Es kommen mehrere Profisportler zusammen, auch von anderen Vereinen oder vom Volleyball.

David Kadel: Und da spielt es jetzt keine Rolle, dass ein 60er neben dir sitzt?

David Alaba: Nein. Im Gebet und vor Gott sind wir alle verbunden. ‹lacht›

David Kadel: Wie auf dem Spielfeld, du hast 'nen guten Abschluss, Davy, ein schöneres Schlusswort gibt's gar nicht. Danke, Bro, und Gott mit dir!

David Olatukunbo Alaba
FACTSHEET

VEREINE	SV Aspern
	FK Austria Wien
	FC Bayern München II
	TSG Hoffenheim
	FC Bayern München
LÄNDERSPIELE	59 für Österreich
GEBURTSTAG	24.06.92
GEBURTSORT	Wien
BESONDERHEIT	Champions League Sieger 2013
	diverse deutsche Meistertitel und Pokalsiege, die ich nicht mehr zählen kann
	Vater aus Nigeria, Mutter von den Philippinen, Schwester Rose macht Gesangskarriere

„Prost Christ" mit Brother James

Wenn beste Freunde Gegner sind, mit Mitch Weiser

Neymar
Das Genie

PARIS SAINT-GERMAIN

Ganz Paris liegt ihm zu Füßen. Der teuerste Fußballer aller Zeiten hat gerade Toulouse im Alleingang gezeigt, was „to lose" in seiner schönsten Form bedeutet. Drei Tore genial vorbereitet, zwei selber geschossen. „Neymar zaubert", „der Pistolero trifft immer" oder „das Jahrhundert-Genie am Ball". Die Medien können sich in ihren Superlativen kaum noch toppen, um ihre Begeisterung für „das schönste Lachen des Fußballs" auszudrücken. Die Banker taten sich da schon leichter. So wie die Sieben als christliche Zahl gilt und 666 anderweitig besetzt ist, wird die 222 künftig immer diesem Dribbelfloh zugeordnet werden. Für manche unmoralisch, andere sehen das eher nüchtern als Marktwert.

Neymar hat sich korrekt verhalten und lediglich das erfüllt, was die Bosse in seinen Vertrag schrieben, falls ein anderer Klub Interesse hätte ihn zu kaufen. Bei den 222 Millionen, wussten die Barca Bosse, dass es eines Tages passieren würde und so ist das Verhalten Neymars nicht verwerflich. Dass diese unmoralisch hohen Summen heute im Fußball gezahlt werden, da sind wir uns alle einig, DAS ist krank. Da sind unsere Prioritäten vergiftet. Aber genauso krank ist es, dass bei uns VW- und die Deutsche-Bank-Bosse, die Mist bauen und betrügen, trotzdem zig Millionen Abfindung bekommen. Dass nur ein paar Flugstunden entfernt von uns, im Jemen und in Nigeria, alle paar Minuten ein Kind vor Hunger stirbt, DAS (!) ist eine zu verurteilende menschliche Katastrophe. Sind wir vor Gott nicht alle daran mitschuldig, weil wir allesamt nur zuschauen? Sind wir, die wir mit dem Finger verurteilend auf andere zeigen, eigentlich besser? Weil es bei uns nicht um 222 Millionen geht, sondern nur um klitzekleine Steuerhinterziehungen, hier und da ein bisschen schwarz-arbeiten nach dem Motto: „Das macht doch jeder!"?

Stellen Sie sich vor, Sie machen einen mega Job bei einer großen Firma! Sie verdienen gutes Geld, beeindrucken den Vorstand seit Jahren durch Ihre exzellente Arbeit und die Art und Weise, wie Sie sich einbringen. So etwas spricht sich in der Wirtschaftswelt schnell herum. Was wird passieren? Head-Hunter anderer Firmen werden sich melden, weil Ihr Know-How und Ihr Charisma natürlich auch bei der Konkurrenz gefragt sind. Stellen Sie sich vor, Sie sagen zu und Sie wechseln den Arbeitgeber. Warum werden Sie das tun? Weil man Ihnen geschmeichelt hat? Vielleicht schon. Aber wahrscheinlicher ist, weil Sie dort statt 4.000€ im Monat plötzlich 15.000€ bekommen. Sind Sie das wert? Vermutlich nicht. Ist das verwerflich? Nein! In der Bibel heißt es schon: „Jeder Arbeiter ist seinen Lohn wert!" Der eine mehr, der andere weniger. Es passiert tausendmal am Tag in unserer Marktwirtschaft. Und Sie würden sich mit Kräften wehren, wenn man im Gespräch über Sie nur noch die 15.000€ thematisiert und Sie als „Mensch" mit ihrem Wesen und Charakter völlig übergeht. So geschehen bei einem jungen Brasilianer. Deswegen möchte ich mich seiner Persönlichkeit widmen und nicht den 222 Millionen. Ein Mensch namens Neymar da Silva Santos Júnior. 175 cm groß. Ein Leichtgewicht von 65 kg. Hobby: Tattoos und Bibel. Beruf: Torschusskünstler mit Eleganz.

Am 5. Februar 2017 feierte Weltstar Neymar Junior seinen 25. Geburtstag. Mit ihm nicht nur ganz Fußball-Brasilien, sondern auch etwa 60 Millionen Facebook-Freunde und 80 Millionen Instagram-Follower weltweit. Nicht nur weil dieser Typ gut kicken kann, nein, er hat eine Persönlichkeit, die beeindruckt. Auch er wurde ge-head-hunted, also abgeworben, weil er bestimmte Dinge exzellent kann und weil man sich von seiner Anwesenheit einen satten Millionen-Gewinn verspricht. Alleine sein Trikot hat sich in den ersten Wochen millionenfach weltweit verkauft. Und damit meine ich nicht die 5-Euro-Version am Strand von Alanya mit „Näimahr" auf dem Rücken!

Neymar ist überall. Weltweit. Längst auch ein digitales Phänomen. In unserem Täglich-Social-Media-gib-uns-Heute wird aber nicht nur über den Superstar Neymar diskutiert, sondern über den gläubigen Christen, dessen leidenschaftliches Credo für mich nicht schwächer geworden ist, nur weil er den Arbeitgeber gewechselt hat. Wenn Neymar sich egoistisch (wie Dembélé beim BVB) alle Mitspieler und die Vereinsbosse durch einen Streik zum Feind gemacht hätte, wäre sein Glaubenszeugnis „von der Liebe Gottes" nicht das Papier wert, auf dem es gedruckt ist.

Was diesen Weltstar mit Herz schon seit vielen Jahren auszeichnet, ist, dass er nicht Nein sagen kann. Wenn er um Hilfe gefragt wird, ist er da. Ob in seiner Heimat São Vicente oder in Santos (seiner ersten Station als Jungspund) – Neymar war dafür bekannt, immer ein Herz für die Kleinen zu haben und nichts lieber zu tun, als sich für Schwächere zu engagieren. Das ist im Hause da Silva stets oberstes Gebot gewesen, dafür sorgten die Eltern recht früh und machten ihrem Filius klar: „Wir gehen sonntags in die Kirche, aber wir leben auch von Montag bis Samstag bewusst danach!"

Der gefährlichste Sturm der WM!! mit Gabriel Jesus von Manchester City

Nächstenliebe als Charakterschule, betont Vater Neymar da Silva Santos Senior immer wieder. In einer sehr populären Kopfhörerwerbung „The Game before the Game" telefoniert Neymar vor einem wichtigen Spiel mit seinem Vater, der ihn daran erinnert, sich in unsicheren Situationen auf Gott und dessen Kraft zu verlassen. Papa Neymar war übrigens auch Profifußballer und begann seine Karriere ebenfalls beim Juniorenteam des FC Santos. Seine Mutter Nadine Goncalves war für Neymar immer ein Vorbild in Sachen Güte und Empathie. Sie wurde in ihrer Kindheit selbst mit viel Leid konfrontiert, war aber trotzdem immer für andere da. Sie war es auch, die ihn vor einigen Jahren inspirierte, seine Neymar Jr. Stiftung zu gründen, die sich weltweit für Kinder in Not einsetzt. *www.institutoneymarjr.org.br*

Die Mitarbeiter der Stiftung lieben Neymar, „weil er nicht der Typ ist, der einen dicken Scheck schreibt und verschwindet, sondern sich nicht zu schade ist mit anzupacken und auch schon mal in der Küche landet, um Teller reinzutragen." „*Humilde*" *(es.)* ist ein Wort, das sehr oft fällt, wenn man die Stiftungs-Mitarbeiter nach Neymar befragt. Demut. Wenn man jedoch diesen sensiblen Jungen selber befragt, was ihn tief innen bewegt und antreibt, dann staunt man darüber, wie viele Aussagen der Brasileiro allein auf seinem Körper verewigt hat. Bekenntnisse, die im wahrsten Sinne des Wortes unter die Haut gehen.

Eines wird schnell klar: Bei diesem Gesamtkunstwerk gilt seine Bewunderung vor allem Jesus. Seinen linken Oberarm ziert ein Bibelvers aus Korinther 9,24. Eine klare Botschaft, die Neymar in einem Interview mit Globo-TV so erklärt: „Jeder Athlet, der trainiert, muss die schwierigsten Übungen aushalten, um eine goldene Krone zu bekommen. Ich möchte eine Krone erhalten, die für immer hält." Sein linker Unterarm spricht über Epheser 6,11: „Zieht Gottes Schutz an, damit ihr den Versuchungen widerstehen

Neymar Junior mit Junior David Lucca

könnt!" Sein linkes Handgelenk dokumentiert, worauf sich Neymar verlässt: „Gott ist treu". Auf seiner rechten Brust prangt ein Gebetsspruch, den Neymar immer vor den Spielen als Ehrerbietung für „seinen Vater im Himmel" ausspricht. Sein linker Rippenbereich proklamiert „Gottes wegen sind wir Geschwister". Am Hals steht für jeden sichtbar „Tudo passa" – Alles kann passieren! Neymar erklärt: „Es passieren gute Dinge und schlechte Dinge. Egal was passiert, ich will jeden Moment bewusst und dankbar im Vertrauen auf Gott genießen. Man wird nur glücklich sein, wenn man die Herausforderungen mit Dankbarkeit annimmt und immer das Beste gibt, das man hat. Gott macht dann den Rest. Dieser Satz sagt viel über mich."

Dazu passte das verheerende Foul an Neymar, das im WM-Viertelfinale 2014 ganz Brasilien erschütterte. Der Kolumbianer Juan Zuniga attackierte den damals 22-jährigen Neymar rücksichtslos mit einer Kung-Fu-Attacke. Neymar schrie vor Schmerzen und ganz Brasilien hielt den Atem an. „Zu der Zeit dachte ich, dass ich eine ernsthafte Verletzung habe", sagte Neymar später dazu. „Mir gingen die schlimmsten Vorstellungen durch den Kopf. Alle meine Zukunftspläne schienen zerstört." Doch er brach sich „nur" den dritten Lendenwirbel „L3". Ein Wirbel, bei dem sich eine Verletzung am wenigsten belastend auswirkt. Wäre Neymar nur zwei Zentimeter höher attackiert worden, so die Mediziner, wäre er von der Hüfte abwärts gelähmt gewesen.

Die drei besten Fußballer der Welt: Neymar – Messi – CR7

Göttlicher Jubel mit Kapitän David Luiz

Unter Tränen wiederholte Neymar immer wieder, dass Gott ihn vor dem Schlimmsten bewahrt habe: „Wieder einmal war Jesus im Leid an meiner Seite. Ich danke allen, die für mich gebetet haben." Darüber hinaus hat er Zuniga nicht zur Rechenschaft gezogen. Was in der hart umkämpften Profiwelt normal gewesen wäre, kam Neymar nicht in den Sinn, ganz im Gegenteil, er nahm den Übeltäter am Ende sogar vor seinen aufgebrachten Landsleuten in Schutz und vergab ihm öffentlich.

Zwei betende Hände, die um Gottes Segen bitten, prangen auf Neymars linkem Unterarm mit dem darunter geschriebenen Wort „Fé" (Glaube). Oberhalb seiner Knöchel verewigt Neymar seine Lebenseinstellung mit dem Wortdoppelpass „Osadía y Alegría" („Mut & Freude"). Wörter und Themen, mit denen Neymar groß geworden ist. Als Kind war er jeden Sonntag in der Pfingstgemeinde „Iglesia Bautista Peniel" in Sao Vicente. Als „mein

zweites Zuhause" bezeichnet er es bis heute. Der Pastor dieser Kirche, Newton Lobato, verrät, dass ihr persönlicher Kontakt bis heute Bestand hat, weil Neymar ihn bat, seine Ermutigungen auch außerhalb der Kirche fortzusetzen: „Wir haben vereinbart, regelmäßig über WhatsApp zu kommunizieren. Was ist besser als eine biblische Nachricht per WhatsApp? Ich schicke ihm ausgewählte Bibeltexte sowie inspirierende Andachten und dann sprechen wir darüber."

Neymar pflegt diese Beziehung und schwärmt: „Diese Bibelverse vom Pastore schenken mir immer Kraft im richtigen Moment. Er ermutigt mich immer genau dann, wenn ich eine Phase habe, in der ich mich down fühle. Daran merke ich, dass Gott mich sieht und mit seinen Augen begleitet! Ich finde das wunderbar."

Wunderbar und hoch sind auch die Erwartungen der 207 Millionen Brasilianer, wenn es darum geht, nach 2002 wieder einen WM-Pokal nach Hause zu bringen. Als hochgehandelter Mitfavorit wird Brasilien die Weltmeisterschaft 2018 in Russland bestreiten. Als erste Nation qualifizierte sich die Seleção frühzeitig für das Turnier der Weltbesten. Acht Siege in Serie machten es möglich. Unvergessen bleibt dabei der Treffer von Neymar beim Sieg gegen Paraguay, als der Dribbelfloh ein sagenhaftes 70-Meter-Solo mit dem Treffer zum 3:0 Endstand hinlegte. Ein Weltstar ohne Makel? Nein! Wie bei allen Menschen, die man auf der ganzen Welt kennt (nehmen wir einmal Mutter Teresa aus), gibt es natürlich auch immer wieder Gerüchte: Zahlt er auch seine Steuern? War denn der Wechsel zu Paris überhaupt rechtens? Hat er nicht doch zwei,

drei heimliche Geliebte? Eine Straftat konnte man ihm tatsächlich nachweisen, da Neymar sie sogar in aller Öffentlichkeit beging. Und das im Moment seines größten sportlichen Erfolges. Der FC Barcelona hatte gerade die Champions League gegen Juventus Turin (3:1) gewonnen. Neymars Treffer erzielte das wunderschöne 3:1. Kaum ist das Spiel abgepfiffen zaubert Neymar ein weißes Stirnband hervor, um seinen Dank auszudrücken: *„100% Jesus“*.

150 Länder weltweit schauen gerade live zu. Und mindestens 15 FIFA Funktionäre beißen sich vor Wut in die Faust, denn sie haben es strengstens verboten. Und obwohl der Kleinkriminelle Neymar um das FIFA-Verbot wusste, wiederholte er die illegale Stirnbandaktion frech, als er ein Jahr

Waden-Segen: Möge Gott mich segnen!

später 2016 mit Brasilien bei Olympia Gold gewinnt. Wie hat Paulus einmal so schön geschrieben: „Ich bin sogar ein Gesetzloser, um Menschen für Jesu Liebe zu gewinnen." Wow. Neymar hat seine Bibel wirklich gelesen! 1992 zog Neymar mit seiner Familie nach São Vicente und im Jahr 2003 weiter nach Santos. Sein Profidebüt feierte er einen Monat nach seinem 17. Geburtstag am 7. März 2009 im Dress des FC Santos gegen Itápolis. Seinen Start in Brasiliens A-Nationalmannschaft bejubelten Millionen am 6. Juli 2010 gegen die USA.

Ein Blick auf Erfolge und Rekorde als Fußballer machen Neymars Ausnahmestellung mehr als deutlich: An seinem 20. Geburtstag erzielte Neymar in einem Spiel des Campeonato Paulista (5.2.2012) gegen Palmeiras das 100. Tor für den FC Santos, am 18. Oktober bestritt er sein 200. Spiel für den ruhmreichen FC Santos, der jahrzehntelang Pelé huldigte. Neymar wurde nach 2011 erneut für den FIFA Ballon d'Or und den FIFA Púskas-Award nominiert. Er gewann die Bota de Ouro (Goldener Schuh) als bester Torschütze aller brasilianischen Wettbewerbe sowie den Premio Globolinha de Ouro (Hors Concours, lat. für „außer Konkurrenz") – eine Auszeichnung, die vor ihm nur Pelé im Jahr 1970 erhalten hatte. 2011 und 2013 Südamerikas Fußballer des Jahres; 42 Tore erzielte Neymar für Santos in 47 Saisonspielen. Eine herausragende Quote, die an der magischen 100 Prozent-Marke kratzte.

Neymars Superlative

- Teuerster Spieler aller Zeiten (222 Millionen Euro bezahlte Paris Saint-Germain am 3. August an den FC Barcelona).

Saison 2016/17

- Erster und einziger Spieler, der in einem Champions-League-Spiel vier Torvorlagen

Champions League Sieger mit Barca

gibt und ein Tor erzielt (beim 7:0 gegen Celtic Glasgow am 13.09.2016).

Saison 2014/15

- Jüngster Spieler in der Geschichte der brasilianischen Nationalmannschaft, dem ein Viererpack gelingt (Oktober 2014).

Saison 2013/14

- Am 11. Dezember 2013 schoss er im CL-Spiel gegen Celtic einen Hattrick in nur 14 Minuten. Er brach damit Messis Rekord (17 Min.) für den schnellsten Hattrick des FC Barcelona in Europa.
- Am 13. Juni 2014 bestritt er gegen Kroatien sein 50. Länderspiel für Brasilien und überholte damit Ronaldo als jüngster Brasilianer (22 Jahre), der diese Marke knackt.

Saison 2012/13

- Meiste Punkte bei der Wahl zu Südamerikas Fußballer des Jahres (199).

- Neben Pelé einziger Gewinner des speziellen Individualpreises „Hors Concours" (zu Deutsch in etwa „außer Konkurrenz") mit dem die Überlegenheit des Stürmers gegenüber den restlichen Spielern verdeutlicht wird. Pelé wurde diese Auszeichnung 1970 verliehen.

Saison 2011/12

- Bester Torschütze in der Geschichte der brasilianischen U23-Nationalmannschaft (11 Tore).
- Jüngster Spieler, der zu Südamerikas Fußballer des Jahres gewählt wird (2011, im Alter von 19 Jahren).

Saison 2010/11

- Meiste Tore in einem Spiel des Campeonato Brasileiro de Futebol (nationale Meisterschaft). Am 15. April 2010 erzielte er im Qualifikationsspiel für die Copa de Brasil gegen Guarani 5 Tore (Endstand 8:1)

Thilo Kehrer
der Derbyheld

FC SCHALKE 04

Wenn ein Schwabe aus Burundi Publikums-Liebling im Ruhrpott wird, dann hat einer vieles richtig gemacht. Im Gespräch mit dem Schalker Lockenkopf ernst zu bleiben, war für mich eine der größten Herausforderungen, denn Thilo hat absolut den Schalk im Nacken und liebt schlagfertige Antworten. Aber schließlich hat er auch viele Gründe zu lachen: Kapitän der deutschen U21, frischgebackener Europameister und sicher schon längst im Notitzbuch von Jogi Löw für die Zeit nach der WM. Fazit: Wenn Thilo die Stürmer weiter so aus dem 16er „kehrt", steht er vor einer ganz großen Karriere!

David Kadel: Wie reagieren Menschen, wenn sie dich zum ersten Mal treffen und denken: *Der könnte aus Miami oder Afrika stammen,* und dann kommt schönstes Schwäbisch aus deinem Mund? Hast du das schon mal mit jemandem gemacht?

Thilo Kehrer: Ja, immer wieder ein schöner Gag. Ich liebe es zu beobachten, wie sie reagieren, ‹spricht schwäbisch› die gucke dann nadüürlich um´d Kurv num und denka sich: „Was isch en jätztet los gä!?"

David Kadel: Das klingt ja cool, wenn du schwäbisch redest. Das ist das erste Mal, dass ich dich so höre. Sprichst du eigentlich Kirundi, die Landessprache Burundis?

Thilo Kehrer: Leider nicht. Ich bin die ersten drei, vier Jahre in Ruanda aufgewachsen und

deswegen spreche ich Französisch. Immer noch sehr gut übrigens, zwar nicht mehr ganz fließend, aber verstehen kann ich eigentlich alles.

David Kadel: Also du verstehst Kirundi schon ein bisschen?

Thilo Keher: Ja, ein paar Wörter.

David Kadel: Wow. Was heißt „Gott liebt dich" auf Kirundi zum Beispiel?

Thilo Kehrer: Hmm, da müsste ich meine Mutter fragen. Aber du hast recht, sagen zu können „Gott liebt dich" ist eigentlich ein Muss. Das habe ich eine Weile nicht mehr gehört.

Ich weiß noch genau, wenn ich früher Mist gebaut habe und meine Mutter sich einen Kopf gemacht hat, dann hat sie *Manajadschue* gesagt.

David Kadel: Was so viel heißt wie: „Meine Fresse!" Da wären wir schon bei der richtigen Frage. Wofür hast du mal, als Kind, richtig Ärger bekommen?

Thilo Kehrer: Das Problem ist, dass ich viele Sachen gemacht habe, für die ich Ärger bekommen habe. Aber nie wirklich was Schlimmes. Ich war immer der Spaßvogel und habe in der Schule gern den Klassenclown gegeben.

David Kadel: Hast du in der Schule keine Scheibe mit dem Ball zerschossen?

Thilo Kehrer: Doch! Doch! Natürlich.

David Kadel: ‹lacht› Das kam ja jetzt schnell: „Doch, doch! Natürlich." Völlig normal für einen späteren Kicker.

Thilo Kehrer: Was willst du machen? Für den Garten habe ich auch des Öfteren Ärger bekommen, wenn ich die Blumen getroffen habe oder die Vasen mal geflogen sind.

David Kadel: Also hast du schon früh an deiner berühmten Freistoßtechnik gefeilt?

Thilo Kehrer: Das kann man genau so sagen. ‹grinst›

Spitzenreiter Kehrer!

David Kadel: Noch einmal zurück bitte. Du hast vorhin von Ruanda gesprochen. Wenn ich das höre, denke ich sofort an 1994 und diese unfassbaren 900 000 Toten in einem Jahr. Die Tutsi und die Hutu. Aber da warst du wahrscheinlich noch nicht auf der Welt, oder?

Thilo Kehrer: Nein. Ich bin 1996 geboren.

David Kadel: Okay. Aber hast du damit irgendwelche Berührungspunkte durch deine Familie gehabt?

Thilo Kehrer: Leider ja. Ich habe eine große Schwester. Sie ist im Februar 1995 sogar in Bujumbura, Burundi, geboren.

David Kadel: Die Hauptstadt?

Thilo Kehrer: Genau. Die Hauptstadt von Burundi. Damals sind meine Eltern und meine Schwester unter krassen Umständen mit dem Helikopter aus dem Land geflohen, da in Ruanda dieser schreckliche Bürgerkrieg war. Deswegen bin ich dann auch in Deutschland geboren, 1996, in Tübingen. Sie waren also nur zwei Wochen in Deutschland und sind dann wieder zurück nach Afrika gegangen.

David Kadel: Klingt wirklich dramatisch, mit dem Helikopter vor dem Krieg zu fliehen, das ist Wahnsinn. Damals in Ruanda, 900 000 Tote. Da hat keiner geholfen. Da kamen nicht die USA und auch nicht Europa daher. Kein Blauhelmeinsatz – weil es da nichts gibt, kein Öl, kein Gold, also hat man gesagt: „Naja, sollen sie sich halt umbringen." Wie empfindest du das, dass man ein Land – grade in einer solchen Situation – komplett im Stich gelassen hat?

Schalkes Schattenmann für Sonderbewachungen

Thilo Kehrer: Ja, es ist extrem traurig, so etwas zu erleben, auch die Geschichten der eigenen Familie. Und es lässt mich an der Menschlichkeit zweifeln. Darüber hinaus an der Menschheit im Allgemeinen. Auch die Anschläge in Istanbul, Berlin oder Barcelona zeigen mir immer wieder, wie sehr unsere Gesellschaft Gott braucht und wie kaputt wir ohne ihn sind. Aber auch hier in Deutschland werden die ganzen Probleme der Dritten Welt vergessen und verdrängt. Jeder schaut nur noch auf sich und seine Probleme, und die zigtausend Kinder, die sterben, obwohl sie nichts getan haben, werden vergessen. Das ist sehr tragisch, da könnte oder müsste man noch viel mehr helfen. Vor allem die großen Länder, die die Möglichkeiten dazu haben.

David Kadel: Dein Buddy Davie Selke hat mir kürzlich gesagt, dass er irgendwann eine Stiftung für Kinder in Äthiopien gründen will.

Könntest du dir vorstellen, dass Burundi irgendwann für dich ein Thema wird? Wo du sagst, da will ich mal hin?

Thilo Kehrer: Auf jeden Fall! Ich habe sogar überlegt, in der nächsten Sommerpause mal zwei, drei Wochen nach Burundi zu fahren und mit meiner Familie zu überlegen, was man dort Sinnvolles machen kann, um den Menschen zu helfen. Das ist unsere Pflicht als Christen.

David Kadel: Wie kommst du zu dieser schönen Haltung, die nicht selbstverständlich ist, denn viele vergessen bei dem ganzen Erfolg, wo sie herkamen?

Thilo Kehrer: Meine Wurzeln werde ich sicher nie vergessen. Wir sind so aufgewachsen, dass Helfen Ehrensache ist. Schon in meiner Jugendzeit habe ich meine ganzen Fußballklamotten und auch sonstige gute Klamotten, die mir nur zu klein waren, immer nach Burundi geschickt. Das mache ich auch jetzt noch, nach jeder Saison.

David Kadel: Ja, super. Hast du da so einen Kontaktmann? Oder ist es Verwandtschaft?

Thilo Kehrer: Verwandtschaft. Mein Onkel lebt noch dort.

David Kadel: Wie heißt der?

Thilo Kehrer: Otto ‹lacht›.

David Kadel: Onkel Otto. Na super! ‹lacht› So wie Otto Addo. Manche Afrikaner haben schon coole deutsche Namen. Hans Sarpei, Gerald Asamoah. Okay, dann machen wir noch mal einen Sprung, wenn wir schon bei Asamoah sind. Viele Schalker schwärmen von dieser S04 Familie. Wie fühlt es sich denn an, Schalker zu sein? Was zeichnet diese Ruhrpott-Mentalität aus?

Thilo Kehrer: Es ist einfach ein riesen Zusammengehörigkeitsgefühl. Es ist wirklich wie eine große, tolle Familie. Einfach ein sehr lockerer, sehr menschlicher und liebevoller Umgang. Alle geben alles für den Verein. Und als Spieler will man natürlich auch etwas zurückgeben. Man spürt überall im Ruhrpott die Begeisterung und die Liebe zum Fußball. Man könnte sich hier mit den Leuten hinsetzen und drei Tage über Fußball oder Schalke reden. Einfach unfassbar.

David Kadel: Positiv bekloppt.

Thilo Kehrer: Ja, aber so was von bekloppt, du sagst es. Ich kann mir schwer vorstellen, dass es irgendwo anders auch nur ansatzweise so crazy ist.

David Kadel: Sag mal, wie viele Bundesligatore hast du geschossen, lieber Thilo?

Thilo Kehrer: Eins.

David Kadel: Ich weiß doch, Dicker. Gegen wen? Komm, sag's noch einmal. ‹beide lachen›

Thilo Kehrer: Gegen Dortmund, den schwarzgelben Gegner.

David Kadel: Wie nennt ihr die immer?

Thilo Kehrer: Zecken! Aus Lüdenscheid. ‹lacht hämisch›

David Kadel: Lüdenscheid 09. Jetzt sag mal, haben sie dir einen Orden für das Bundesligator verliehen, oder wie wird ein Derbyheld auf Schalke behandelt?

Thilo Kehrer: Ja, also gefeiert wurde natürlich extrem lange und intensiv. Ich habe auch auf meiner Facebookseite ein Video davon hochgeladen. Meine Familie sitzt da auf der Tribüne und meine kleine Schwester hat ein Video gemacht, als das Tor gefallen ist. Dann hat sie einfach ins Stadion reingefilmt und die Menschenmassen, die ekstatisch gejubelt haben, und knapp 80 000 Liter Bier, was in kleinen Bechern in die Luft geflogen ist, festgehalten. ‹lacht›

David Kadel: Ich hab das Video auch gesehen, drei Milliarden Klicks in einer Stunde. Wahnsinn. ‹beide lachen›

Thilo Kehrer: Ja, das war schon unglaublich, ein echtes Highlight in meiner Karriere.

David Kadel: Was hat sich danach verändert? War irgendetwas anders?

Thilos Tor gegen den BVB – ein Derby-Held wird geboren!

Mit Freund Naldo und Keeper Fährmann

Thilo Kehrer: Ja, schon. Die Wahrnehmung von außen und auch von den Fans. Es ist einfach was Besonderes, wenn man im Derby ein Tor schießt. Dann ist man für die Fans ein Held. Für immer in den Geschichtsbüchern oder in den Köpfen der Menschen. Die Freude war einfach riesig.

David Kadel: Sag mal, täusche ich mich, oder haben wir nicht auch in dieser Zeit bei WhatsApp geschrieben und du hast mir geschrieben, dass du sogar davon geträumt hast?

Thilo Kehrer: Ja, genau.

David Kadel: Erzähl!

Thilo Kehrer: Ja, ich träume tatsächlich vor manchen Spielen, wie ich die Tore schieße und dann auch sehr ausgefallen jubele. Ab und zu werden auch welche zum Tor des Jahres gekürt.

David Kadel: Im Traum?

Thilo Kehrer: Ja klar, nur im Traum.

David Kadel: Ich glaube, du spielst zu viel Playstation. Kann das sein?

Thilo Kehrer: Ha ha ha – *Exactement*. (Französisch spricht er wirklich.) Aber jetzt nicht mehr. Seitdem träume ich auch weniger vom Toreschießen, ich bin ja Verteidiger.

David Kadel: Geiles Statement.

Thilo Kehrer: Aber ernsthaft jetzt, am Abend vor dem Spiel gegen Dortmund haben wir so ein bisschen rumgealbert, mit Leon Goretska und Ralf Fährmann. Dann trinke ich gerne mal einen Ingwer-Minz-Zitronentee. Und dann, mit drei Ingwertee intus, haben die Jungs eben ihre Witze über mich, den Torlosen, gemacht:

„Morgen, Digger, morgen machste dann mal dein Tor klar!? Ist längst Zeit für dein erstes Tor." In der Nacht habe ich geträumt, dass ich ein Kopfballtor mache, und am nächsten Tag war's dann eben mit dem Fuß.

David Kadel: Und was für ein schönes. Ein Strich. Ein Strich in der Landschaft.

Thilo Kehrer: Genau so war's. ‹beide lachen›

David Kadel: Ich glaube, ich hole mir auch so einen Ingwer-Minz-Zitronentee, wenn dann die Träume wahr werden.

Thilo Kehrer: Der gibt mir echt Power. Ehrlich jetzt. ‹beide lachen lang und kriegen sich kaum mehr ein vor Gackern›

David Kadel: Ganz ehrlich jetzt, Thilo. Ich habe in den letzten Wochen schon viele Interviews gemacht – und ich reiß mich hier und da zusammen, dass ich nicht lache, wegen der Aufnahme. Aber mit dir muss ich die ganze Zeit lachen. Ingwer-Minze-Zitrone. Das macht mich stark. So wird die Überschrift von unserem Interview. Wo holst du den Tee? Im Aldi?

Thilo Kehrer: Nee, meistens zu Hause, bevor es ins Hotel geht. Da hole ich mir schön frischen Ingwer, frische Minze und auch die Zitrone. Dann noch ein bisschen Honig rein, das knallt!

David Kadel: Da machen wir was Schönes draus. Das „Thilo Kehrer Erfolgsrezept", jetzt in Ihrem Schalke-Fanshop! Zurück zu deinen Träumen. Weißt du eigentlich, dass das Träumen immer wieder auch in der Bibel vorkommt? Da haben einige Protagonisten von Dingen geträumt, die dann wahr geworden sind. Fällt dir zufällig einer ein?

Thilo Kehrer: Josef der Träumer. Im alten Ägypten, mit den sieben mageren Jahren und den sieben mageren Kühen. Und auch Maria und Josef in der Jesusgeschichte. Ich glaub, die träumen auch. War das nicht so? Der Engel erschien Josef im Traum und sagte ihm, dass sie nach Ägypten abhauen sollen, weil der König Herodes die ganzen neugeborenen Kinder töten will.

David Kadel: Wow, du bist ja richtig bibelfest. Ich glaube, dass wir die Sache mit den Träumen unterschätzen und dass Gott dadurch viel mehr mit uns kommuniziert, als wir denken.

Thilo Kehrer: Das hört sich gut an. Ich mache mir viele Gedanken darüber, wie man Gott besser verstehen kann als gläubiger Christ. Seinen Willen tun, da denkt man ja schon öfter drüber nach, und auch, wie Gott mit uns sprechen möchte. Im Traum ist das natürlich am klarsten, also in Bildern, auch wenn wir sie manchmal nicht verstehen.

Capitano von Deutschlands U21

David Kadel: Ein Traum wurde auch im Sommer 2017 wahr, darf man dich eigentlich „Herr Europameister" nennen?

Thilo Kehrer: Ja, ich bitte sogar darum! ‹lacht›

David Kadel: Das war unglaublich. Was hat das mit dir gemacht? Was war dein Highlight in diesem Sommermärchen?

Thilo Kehrer: Ach, es gab viele Highlights. Das Zusammensein mit den Jungs war einfach einmalig. Eine sehr sympathische Gruppe von Jungs, die einfach alles – auch die Witze – miteinander gemacht haben. Jeder konnte über sich selber lachen. Kein Konkurrenzgedanke oder so ein Quatsch. Wir hatten auch einen Fotografen dabei. Ich weiß noch, wie er ein Foto gemacht hat, als wir bei einem Basketball-Wettbewerb gewettet haben, wer die meisten Körbe wirft. Als Strafe bekam der Verlierer von allen einen Schnipser gegen den Kopf. Also haben wir zu siebt den Kopf von dem mit den wenigsten Punkten runtergedrückt, damit er stillhält. ‹lacht› Und ausgerechnet in dem Moment, in dem wir alle die Schnipser an den Kopf von unserem Opfer verteilen, drückt der Fotograf ab und macht so ein fieses Bild, über das wir heute noch lachen müssen. Ach, es gibt Hunderte solcher Geschichten. Wir waren ein herrlich chaotischer Haufen und ich habe selten so viel gelacht beim Fußball.

David Kadel: Das Foto muss ich haben!

Thilo Kehrer: Ich schicke es dir gleich.

David Kadel: Stark! Ich habe übrigens bei der Recherche gelesen, dass du Kapitän in der A-Jugend bei Schalke warst. Du warst schon einmal Nationalmannschaftskapitän der U20

und bist jetzt auch der Kapitän in der U21. Wohin geht denn das Schiffchen, Herr Kapitän? Wohin wird das noch segeln? Gibt es überhaupt Limits in deinem Leben?

Bitte alle jetzt Ohrenschnipsen!

Thilo Kehrer: Nee. Ich sage es mir immer wieder: Es gibt keine Limits! Gerade wenn du bewusst mit Gott durchs Leben gehst, ist alles möglich. Das habe ich mir auch immer gesagt, wenn als ich Jugendlicher diese inspirierenden Geschichten im Alten Testament gelesen habe. Deswegen möchte ich mich immer nur darauf konzentrieren, dass ich meinen Job mache, dass ich möglichst jeden Tag das Beste aus mir raushole. Und was dann daraus wird, überlasse ich Gott.

David Kadel: Du sprichst gerade Gott an. Wie sieht dein Glaubensleben aus? Wie würdest du das beschreiben? Ich finde es heute gar nicht so einfach, weil jeder irgendwas glaubt, oder auch nicht.

Thilo Kehrer: Ja. Also, mein Glaubensleben sieht so aus, dass ich zu Hause sehr viel bete und bewusst mit Gott Zeit verbringe. Auch bei Auswärtsfahrten im Bus spreche ich mit Gott, denn er ist ja mit dabei. Ich habe immer so ein

Gefühl, dass Gott irgendwie über mir schwebt und von oben auf mich herabschaut und mir meinen Weg weist. Und immer, wenn ich mal Zweifel habe oder mich nicht gut fühle, erinnere ich mich daran, dass ich immer mit ihm reden kann, wirklich über alles, und dass dann die Sonne auch schnell wieder scheint, wenn es mal ganz dunkel ist. Gott ist mein absoluter Rückhalt, meine Stärke. Auf meinem Rücken habe ich ein Tattoo mit drei Bibelversen. Den ersten habe ich mir mit 18 auf mein Schulterblatt tätowieren lassen.

David Kadel: Was steht da?

Thilo Kehrer: Da steht: „Gott ist mein Heil, mein Segen und meine Zuversicht, und der Fels meiner Stärke liegt in Gott." Psalm 72,7.

David Kadel: Gefällt mir. Und das zweite Tattoo?

Thilo Kehrer: Das zweite und dritte Tattoo sind auf Französisch. Das will ich jetzt einfach selbst übersetzen. Da steht, dass ich schätzen soll, dass ich gesund bin, dass ich eine Familie habe, die gesund ist, dass ich das machen kann, was ich will, dass ich meinen Traum leben kann, dass ich immer was zu essen habe, dass es mir gut geht und dass dies alles eine Gabe von Gott ist.

David Kadel: Was du sagst, klingt nach einer gewissen Tiefe. Da muss sich einer schon lange mit beschäftigt haben. Wie ist dieser tiefe Glaube zustande gekommen?

Thilo Kehrer: Richtig angefangen hat es mit dreizehn, vierzehn Jahren. Vorher war ich jeden Sonntag mit meiner Mutter und meinen Schwestern im Gottesdienst in Tübingen.

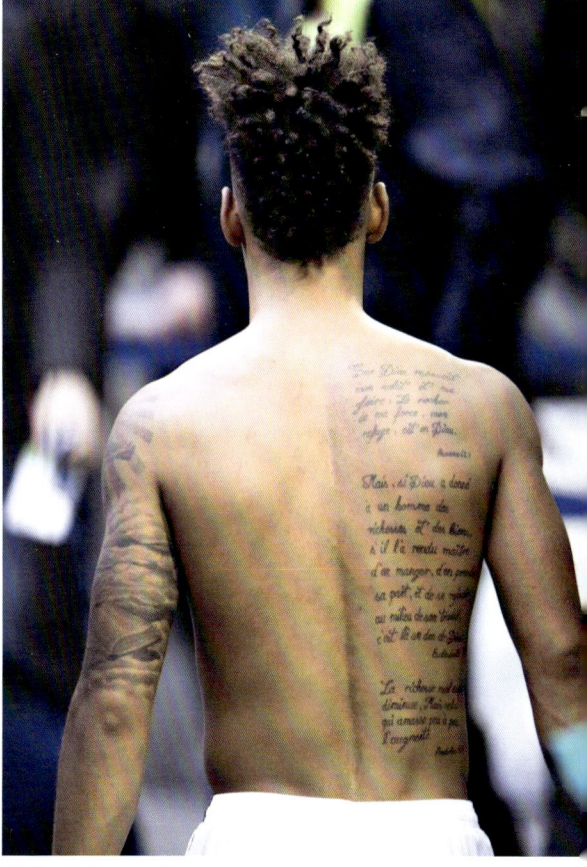

Thilos Bekenntnis

David Kadel: Und das hat dich damals schon, als Klein-Thilo, inspiriert?

Thilo Kehrer: Also, das erste Mal richtig inspiriert war ich in der Zeit, als ich bei Stuttgart in der Jugend gespielt habe. Es ging mir wirklich schlecht, ich habe wenige Chancen bekommen und wurde auch etwas unterschätzt und nicht für gut genug befunden. Ich wusste nie, woran ich bin. Dann habe ich mich an die Gottesdienste erinnert und auch an manche Predigten, in denen gesagt wurde, dass man nie an Gott zweifeln sollte. Niemals! Einfach den Weg Gottes im Vertrauen weitergehen. Das war auch das erste Mal, als ich dann zu Hause für mich alleine gebetet habe. Das war mit zwölf oder dreizehn Jahren. Und kurze Zeit später kam alles von alleine. Ich habe immer gespielt, wurde dann in die Jugendnationalmannschaft eingeladen und seitdem bin ich felsenfest davon überzeugt, dass Gott mich liebt und einen guten Weg für mich bereithält.

David Kadel: Von Paulus gibt es einen überragenden Spruch in Römer 10,14. Da sagt er: „Wie sollen Menschen an ihn glauben – an Gott –, wenn sie noch nie von ihm gehört haben?

Das heißt, alles beginnt ja damit, dass man davon hört oder liest. Kannst du dich erinnern, wann du deine erste Bibel gekauft hast?

Thilo Kehrer: Also, ich muss sagen, dass ich auf einem U14-Turnier in der Schweiz eine Fußballbibel geschenkt bekommen habe und dann während des Turniers und am Abend angefangen habe, darin zu lesen. Schon damals war ich total begeistert und ich habe sie immer noch.

David Kadel: Schöner Anfang.

Thilo Kehrer: Definitiv. Das gute Buch ist schon ein bisschen abgenutzt und zerfleddert, aber Zé Roberto, Lucio, Bordon und ein paar weitere meiner Jugendhelden stehen da drin.

David Kadel: Was hat dich beim Lesen inspiriert? Welche Geschichte ist hängen geblieben?

Thilo Kehrer: Die von Zé Roberto, wie er in ärmlichen Verhältnissen aufgewachsen ist. Wie er dann schon in jungen Jahren ins Internat musste, aber immer gebetet und hart gearbeitet hat, um sich seinen Traum zu verwirklichen. Seine Familie hat er dadurch aus der Armut rausgeholt. Das war und ist schon sehr inspirierend.

Wadenbeisser übt früh!

David Kadel: Jetzt kommt 'ne Quizfrage. Du bist ja Schalker Spieler, also musst du dich mit Schalke wirklich gut auskennen. Die Frage lautet: Was assoziierst du mit den Namen Marcelo Bordon, Gerald Asamoah, Rafinha, Lincoln, Kuranyi?

Thilo Kehrer: Die Schalke-Bibel.

David Kadel: Ja, fast. Varela Rodriguez, Jermaine Jones, Andreas Müller. Warum genau diese Namen?

Thilo Kehrer: Ach so, der Schalke-Bibelkreis.

David Kadel: Sehr gut. Es ist sensationell – die Bundesliga gibt es jetzt 60 Jahre –, dass da ein Fußball-Klub ist, in dem neun Spieler regelmäßig einen Bibelkreis machen! Und der Manager sitzt auch noch dabei. Wann hast du zum ersten Mal von dem Bibelkreis gehört?

Thilo Kehrer: Das ist gar nicht so lange her. Wir haben zwei, drei Mitarbeiter in der Medienabteilung, die sehr gläubig sind. Die haben mir das erzählt, weil sie mitbekommen haben, dass ich auch Christ bin, und mich direkt nach einem Bibelpsalm für die S04-Zeitschrift gefragt. Wir haben sogar eine Kapelle im Stadion. Aber das mit dem Bibelkreis ist echt erstaunlich, man kann sich das kaum vorstellen, dass da neun Spieler, plus Manager, zwei Jahre zusammensitzen und regelmäßig einen Bibelkreis machen. Das ist bewundernswert. Ich wünsche mir das auch für meine Mannschaft, die Stars als Vorbild. Anscheinend war es ja auch nicht so schlecht für das Team …

Im Urlaub mit Leroy Sané

David Kadel: Sind Vizemeister geworden.

Thilo Kehrer: Richtig. Ein Bibelkreis und ziemlich erfolgreich. Gute Idee, das wie die Helden von damals zu machen. Schalker Kreisel wird zu Schalker Bibelkreisel. ‹beide lachen›

David Kadel: Genialer Satz. Da quatschen wir gleich nach dem Interview noch drüber, wie der neue S04-Bibelkreis dann aussieht. Wo gehst du eigentlich in die Kirche?

Thilo Kehrer: Also wenn ich Zeit habe, dann meistens bei meiner Familie, in dieselbe Kirche wie damals, – wenn nicht sonntagsmorgens Training ist. Aber ich habe auch von einer Kirche in Düsseldorf gehört, die echt interessant sein soll. Also da wollte ich mit einigen Jungs aus der Mannschaft unbedingt mal hin.

David Kadel: Du warst auch kürzlich im Bibelkreis bei Benny Henrichs, wo du auch Manuel Neuers Vater Peter und andere kennengelernt hast. Wie hast du es empfunden, mit Konkurrenten zusammen im Gebet zu sein?

Thilo Kehrer: Also in dem Moment empfinde ich die überhaupt nicht als Konkurrenten, sondern einfach als Christen und Freunde. Von daher ist es ausschließlich mit Freude verbunden, und es freut mich, dass wir den gleichen Glauben haben, und von daher sitzen wir da alle im selben Boot.

David Kadel: Wenn du Gott einen Brief schreiben würdest, zu welchen Themen würdest du ihn befragen?

Thilo Kehrer: Erst mal würde ich ihm für alles, was ich in meinem privilegierten Leben habe, danken. Dass er mich leben lässt, dass er mir

Europameister!! „Selfie Time" mit Davie Selke

meine Fehler vergibt und immer zu mir steht. Außerdem würde ich ihn viel zu Afrika fragen, wie es da in Zukunft aussieht, wie es da weitergeht, ob sich da einige Dinge auch verbessern und ob dieses Land mehr Aufmerksamkeit von Europa bekommen wird.

David Kadel: Und eine persönliche Frage an Gott, so von Thilo zum Boss?

Thilo Kehrer: Eine Frage zur Zukunft, die er für mich plant. Wie es aussieht, ob ich Kinder haben werde? Ob ich eine Familie gründen werde? Das sind Dinge, die ich jetzt schon ab und zu mit ihm bequatsche.

David Kadel: Bist du eigentlich Single?

Thilo Kehrer: Ja, ich bin noch Single.

David Kadel: Dieses Interview kannst du wunderbar als Bewerbungsbogen benutzen: Sehr sympathischer Kerl sucht fußballaffine Schönheit – BVB ausgeschlossen. Wobei, wenn das Buch rauskommt, dann bist du wahrscheinlich schon verlobt, Digger!

Thilo Kehrer: Wahrscheinlich. ‹lacht laut›

David Kadel: Halt mich auf dem Laufenden – für Band zwei des Buches. Wird sicher ein Bestseller, deine Lovestory!

Thilo Kehrer: Danke dir, hat Spaß gemacht. God bless you!

Komm Arjen, gibs zu: Klare Schwalbe!!

Thilo Kehrer
FACTSHEET

VEREINE	TSG Tübingen SSV Reutlingen VfB Stuttgart FC Schalke 04
LÄNDERSPIELE	Kapitän der U21 Nationalmannschaft 8 U21 Spiele für Deutschland
GEBURTSTAG	21.09.96
GEBURTSORT	Tübingen (im scheeeeena Schwobaländle)
BESONDERHEIT	Torschütze im Derby gegen den BVB U21 Europameister 2017

Heiko Herrlich
der Außergewöhnliche

Wie kein anderer Bundesliga-Coach hat Heiko verstanden, dass sich der Fußball und vor allem die Menschen darin verändert haben. Während es Laptop-Trainer gibt und die Old School Fraktion um Heynckes, hat Heiko Herrlich eine neue Kategorie gegründet, die ich „Empathie Trainer" nenne. Im Gespräch verrät er mir, wie er seine Spieler „vor allem zu Persönlichkeiten" trainieren möchte. Dabei scheut er sich auch nicht, hin und wieder mal etwas aus der Bibel vorzulesen, was in über 60 Jahren Bundesliga sicher einmalig ist. Als wir 1994 unsere erste Fußball-Doku zusammen drehten, stand definitiv ein anderer Heiko Herrlich vor mir, als der, den ich in Leverkusen antreffe. „Die Krankheit, der Kampf mit dem Gehirn-Tumor, hat mich verändert", sagt er. Ich finde, Heiko ist viel lockerer geworden und traue ihm mit seiner neuen Leichtigkeit und Akribie zu, einen Titel nach Vizekusen zu holen.

David Kadel: Heiko, du bist ja Lehrer, Fußballlehrer. Wie warst du eigentlich als Schüler?

Heiko Herrlich: Faul.

David Kadel: Echt faul? Aber doch nie sitzen geblieben?

Heiko Herrlich: Doch, in der achten Klasse.

David Kadel: Auweia! Woran hat es gehapert?

Heiko Herrlich: Ich war auf dem Gymnasium und hatte fünf fünfen.

David Kadel: ‹lacht› Haha. Fünf fünfen!!??

Heiko Herrlich: Englisch, Deutsch, Mathe und Französisch. Und in Physik.

David Kadel: Fünf fünfen. Wie groß war der Stress zu Hause deswegen? Dein Vater war doch Lehrer und sicher nicht besonders stolz auf dich?

Heiko Herrlich: Also, der Jubel hielt sich in Grenzen.

David Kadel: Kannst du dich noch an irgendeine Strafe erinnern?

Heiko Herrlich: Nein, meine Eltern haben da nie Druck ausgeübt. Das ist ja auch gut. Die haben eben gemerkt, der Junge hat andere Dinge im Kopf und wird einen anderen Weg gehen. Es gibt da so ein italienisches Sprichwort: „Erster in der Schule, Letzter im Leben."

David Kadel: Bei dir ist es andersherum gelaufen, kann man fast sagen.

Heiko Herrlich: Ja, der Rudi Völler sagt das auch öfter. Es gibt ja viele Beispiele von Leuten, die erst auf dem zweiten Bildungsweg vorangekommen sind. Für mich war das trotzdem ne schöne Schulzeit, weil ich wirklich tolle Lehrer hatte, die ich gemocht habe. Und die haben mich, glaube ich, auch gemocht. Bis auf ein paar wenige. Aber irgendwie habe ich mich da eingezwängt gefühlt und habe wirklich keine Disziplin gehabt. Ich glaube, ich war

Dreharbeiten zur DVD „Und vorne hilft der liebe Gott"

so ein typisches ADHS-Kind, nur ohne Medikamente und ohne ruhiggestellt zu werden. Ich habe das wirklich als absoluten Freizeitraub verstanden. Dass ich da sitzen muss und den ganzen Tag ruhig bleiben.

David Kadel: Wie würdest du deine Kindheit bezeichnen? Es gibt ja Menschen, die sagen, ich hatte eine unbeschwerte Kindheit. Wie würdest du deine bezeichnen?

Heiko Herrlich: Ja, unbeschwert würde ich jetzt nicht sagen. Es war sicherlich so, dass familiär auch Probleme da waren. Ich habe einen wundervollen Vater und eine wundervolle Mutter, aber die beiden haben sich nicht so gut vertragen. Als ich schon nicht mehr zu Hause wohnte, haben sie sich dann scheiden lassen.

Letztendlich hat es sich schon in meiner Kindheit angedeutet, dass das nicht ewig hält. Und da hab ich halt auch viele Konflikte mitgekriegt. Das war manchmal nicht so angenehm.

David Kadel: Gibt es irgendwas, wofür du mal richtig Ärger gekriegt hast? Wo war der Heiko mal so ein bissel der Lausbub?

Heiko Herrlich: Ach, es gab so viel Sachen, wofür ich Ärger bekommen hab – das kann ich schon gar nicht mehr aufzählen. Ich glaube, es gab da so Jahre, in denen sich meine Eltern nur noch für mich geschämt haben. Wo die permanent in die Schule mussten. Ich musste sogar einmal strafversetzt werden, weil sich die Eltern der Mitschüler zusammengetan haben, weil ich in der Klasse für Unruhe gesorgt habe.

Die hatten damit leider auch recht. Ich habe mich da sicherlich nicht so verhalten, auch den Lehrern gegenüber, dass sie hätten sagen können: „Juhu, den Schüler hätte ich gerne in meiner Klasse." Ich habe das heute längst eingesehen und die Leute auch jetzt noch für diesen kleinen Rabauken um Vergebung gebeten. ‹lacht dabei›

David Kadel: Kann man sagen, dein Vater war dein erster Held für dich? Es gibt so Kinder, die zu ihrem Vater als Erstes hochschauen. Hat er dich mit auf den Bolzplatz genommen oder wer war derjenige, der dich zum Kicken gebracht hat?

Heiko Herrlich: Also, mein Vater war Handballspieler und hat mich zum Handball immer mitgenommen. Ich habe das total genossen. Samstagabend und Sonntag den ganzen Tag in der Halle rumzuhängen, wenn er gespielt hat. Ich hab dann in den Schulpausen immer gekickt oder Handball gespielt. Bis ich 16 war, habe ich beides parallel gemacht – Handball und Fußball. Und es war wunderschön, dass mein Vater bei meinen Spielen auch immer dabei war.

David Kadel: Klingt nach einer sehr engen Vater-Sohn-Beziehung?

Heiko Herrlich: Er war eigentlich mein ständiger Begleiter und auch mein Antreiber. Das muss ich schon sagen, wenn mein Vater nicht gewesen wäre, gerade in der Pubertät, dann hätte ich wahrscheinlich nicht die Disziplin gehabt, das alleine durchzustehen. Heutzutage ist es sogar noch extremer, was den Jungs abverlangt wird, aber zu meiner Zeit war es das eben auch schon. Er hat mich da immer wieder auf Spur gebracht, das Talent bei mir erkannt, und mich dann auch immer wieder gefördert, wie er nur konnte. Gerade auch weil ich in der Pubertät hier und da mal die Lust am Fußball verloren hatte, bin ich ihm bis heute sehr dankbar, dass er mir damals dabei half, dranzubleiben. Ich glaube, es gab viele um mich herum, die genauso talentiert waren, oder noch viel mehr Talent hatten, die es im Leben aber nicht geschafft haben, weil ihre Eltern nicht so hinterher waren. Da habe ich meinem Vater unendlich viel zu verdanken. Ohne ihn hätte ich das nicht geschafft.

David Kadel: Und dann als Jugendlicher, die rebellische Phase?

Heiko Herrlich: Mit 17 bin ich ausgezogen, und in den folgenden Jahren hatten wir viele Konflikte, weil mein Vater eben nicht verstanden hat, dass ich mich weiterentwickelt hatte, und ich nicht mehr auf dem Stand eines 15-Jährigen war. Das ist übrigens auch heute noch so, denn er ist irgendwo in der damaligen Zeit stehen geblieben. Unser Verhältnis hat sich zwar gebessert, aber wir haben immer wieder auch sehr intensive Phasen, oft auch mit Streit. Aber das ist ja nicht unbedingt was Negatives – wir haben da eine sehr gute Streitkultur.

David Kadel: Aber am wichtigsten ist es doch, dass ein Vater eben auch da ist, wenn die ersten Probleme im Leben kommen, oder?

Heiko Herrlich: Absolut! Vor vier bis fünf Jahren, als ich meine Trennung und dann die Scheidung von meiner ersten Frau durchlebte, habe ich den Motorradführerschein gemacht. Mein Vater hatte natürlich Angst und meinte: „Mensch Heiko, wenn dir etwas passiert!" Aber dann hat mein Vater einfach auch den Motorradführerschein gemacht und ich habe ihm

Heiko in New York, mit Twin Tower

gesagt: „Papa, wenn du Zeit mit mir verbringen willst, was du ja immer möchtest, dann hast du jetzt die Möglichkeit. Dann fahren wir einfach mal los – Richtung Italien!" Dann sind wir wirklich beide als Anfänger mit zwei Harley Davidsons drei Wochen runter bis nach Sizilien gefahren und zurück. Das war quasi die allererste Fahrt meines Vaters nach seiner Führerscheinprüfung, direkt mal nach Italien. So sind wir eben, die Herrlichs!

David Kadel: Sensationell, klingt nach Abenteuer!

Heiko Herrlich: Das war es auch und was für eins. Auch da haben wir natürlich viel gestritten, weil wir nie wussten, wo wir abends landen würden. Wir haben immer erst abends geguckt, wo wir eine Unterkunft finden. Während der ganzen Tour hatten wir nur zwei feste Ziele. Wir fuhren nach Florenz, eine gute Bekannte hat dort ein Weingut, und nach Rom, wo wir

seit Ewigkeiten sehr gute Freunde haben. Aber abends wussten wir oft nicht, wo wir schlafen würden, weil wir einfach kreuz und quer der Nase nach gefahren sind. Freiheit pur, wie im Film – bis wir irgendwann eben in Sizilien gelandet sind. Und dann sogar auf dem Ätna.

David Kadel: Klingt nach Easy Rider Vater und Sohn Adventure?

Heiko Herrlich: Ja, so haben wir uns auch gefühlt mit unseren Harleys unterm Hintern und dem Wind in den Haaren. Ein Jahr darauf haben wir dann noch zusammen 'ne Tour nach Korsika gemacht. Dann bin ich später mit ihm noch nach Südafrika – die Garden Roads – Kleine Karoo – große Karoo – was für wundervolle Zeiten. Ich bin Gott dankbar, dass ich mit meinem Vater das alles erleben durfte in dieser atemberaubenden Natur, die er geschaffen hat.

David Kadel: Wann bist du eigentlich erwachsen geworden? Gibt es ein Erlebnis, wo du sagst: „Ey ab da war's irgendwie vorbei mit Kindheit, das hat mich erwachsen gemacht?"

Heiko Herrlich: Ich glaube, ich möchte mir immer noch Momente beibehalten, in denen ich auch heute, mit 45 Jahren, noch Kind bin. Das stelle ich immer wieder mal fest, wenn meine Kinder – aus erster Ehe – zu Besuch kommen. Dann setze ich mich schon mal auf den Boden, mache Geräusche wie ein Hund und mache mit meiner Hand so Wedelgeräusche, als würde ich mit dem Schwanz wedeln. Denn ein Hund freut sich schließlich, wenn seine Familie nach Hause kommt. Einfach um zu zeigen, dass ich mich über sie freue. Die Kinder fragen dann immer: „Papa, was machst du denn da?" Also, das habe ich mir bis heute beibehalten.

David Kadel: Unfassbar! Treffen sich zwei Kindsköpfe, das ist mir sehr sympathisch. Aber der Fußball macht recht schnell erwachsen oder?

Heiko Herrlich: Absolut! Ich bin mit 17 hierher nach Leverkusen gekommen und bin dann relativ schnell erwachsen geworden. Weil ich eben auch schnell erwachsen sein musste. Aber diese kindliche Seite, der Spaß, der Blödsinn, das habe ich mir immer beibehalten.

Ich glaube, erst durch den Hirntumor ist mir diese Unbekümmertheit genommen worden. Dieses komplett lockere Denken: „Mir kann ja sowieso nichts passieren!" Seit dieser Zeit weiß ich, oh, das Leben kann schon mal ganz schnell zu Ende sein. Bis dahin habe ich gedacht: „Das Leben endet nie. Dir kann niemand was!" Denn ohne Grund beschäftigt man sich ja nicht so intensiv damit, dass man

Mini-Heiko für Deutschland

vielleicht bald tot ist, dass man sterben muss und dass das wehtut. Das verdrängt man ja normalerweise. Aber wenn es einen dann trifft, dann ist die Unbekümmertheit plötzlich weg. Und das ist auch eine Form von Erwachsenwerden.

David Kadel: Aber sicher die heftigste aller Formen!

Heiko Herrlich: Ja, aber diese Zeit hatte auch positive Auswirkungen, weil ich seitdem viele Dinge mehr wertschätze oder andere Dinge, über die ich mir vorher Sorgen gemacht habe, nicht mehr als Sorgen sehe. Wir sorgen uns in Deutschland eh alle viel zu viel. Das ist doch völliger Quatsch. Ich bin gesund, ich lebe im Moment, mir geht's gut und ich gebe mein Bestes, um dieses *Glücklichsein*, das ich auch in der Beziehung zu Gott finde, nicht durch Ablenkungen zu verlieren.

David Kadel: Was liebst du an diesem Leben?

Heiko Herrlich: Freundschaften liebe ich. Es erfüllt einen tatsächlich, wenn man intensive Gespräche mit Freunden hat und über alles reden kann, was einen tief drinnen ausmacht. Über Sehnsüchte, über Gott, über Träume, zusammen lachen, es gibt nichts Schöneres. Ich liebe aber auch die Ruhe und bin sehr gerne alleine. Da tanke ich auf. Da komme ich zu mir. Da finde ich immer wieder zu Gott und spreche offen mit ihm über alles, was mich bewegt. Ruhe ist sehr heilsam für den, der sie entdeckt hat, weil wir ja alle gar keine Ruhe mehr kennen.

David Kadel: Was macht dich stark?

Heiko Herrlich: Meine Kinder, meine Familie, mein Glaube. Also, umso mehr ich im Glauben bin und an Gott nah dran bleibe, umso besser geht's mir in allen anderen Bereichen. Ich habe kürzlich im Rückblick über die letzten zwei bis drei Jahre festgestellt, dass es mir gerade dann, wenn ich nah am Glauben war und die Leute noch so darüber gelacht haben, in allen Bereichen meines Lebens gut ging. Und immer, wenn ich mich besonders toll gefunden und gedacht hab, boah, ich bin super und ich kriege alles alleine hin, genau dann bin ich richtig vor die Wand gefahren. Momentan habe ich ein sehr enges Verhältnis zu Jesus, und ich hoffe, mein Glaube hat auch noch lange diese Tiefe.

David Kadel: Wie können wir das selber beeinflussen, dass unser Glaube möglichst lange diese Qualität hat?

Heiko Herrlich: Das hat immer mit Vertrauen zu tun. Ab wann verliere ich mein Gottvertrauen und mache mich wieder ohne Gott selbst auf den Weg, weil ich denke ich brauche ihn nicht, oder weil ich ihn einfach vergesse? Wir müssen darauf achten, dass wir das Vertrauen auf Gott nicht verlieren und ihm Dinge

Gewinner der Torjägerkanone in Gladbach

zutrauen. Im Moment habe ich so ein tiefes Gottvertrauen. Manchmal frage ich mich, wie ich das hier alles leisten kann und es hinbekomme, jedem gerecht zu werden. Deshalb möchte ich Gott mit meinem Leben zeigen, dass ich ihm vertraue. Mein Gottvertrauen ist gerade voll da und ich brauche es auch.

David Kadel: Und manchmal verlieren wir das Vertrauen und müssen wieder von vorne anfangen. Kannst du eigentlich gut vergeben?

Heiko Herrlich: Ja, ich kann gut vergeben. Und ich hoffe, dass mir die Leute auch vergeben können. Ich habe in einer guten Predigt einmal gehört: „Nicht gegebene Vergebung ist das Gift, das man dem anderen wünscht, aber selbst trinken muss!" Ich finde, das bringt es wirklich auf den Punkt. Wenn du es nicht schaffst, anderen zu vergeben, wünschst du ihnen ein Gift, das letztlich du selbst nehmen musst und das dich krank macht. In vielen Punkten weiß ich einfach, dass es mir besser geht, wenn ich bewusst vergeben kann. Es gibt eine ganz tolle Gemeinde in München, die CBG, die Jorginho damals in seiner FC Bayern Zeit gegründet hat. Der Pastor, Theodor Friesen, und seine beiden Söhne halten da ganz fantastische Predigten. Mit der Familie Friesen habe ich ein ganz enges Verhältnis.

David Kadel: Ach ja, Ricardo und Ronaldo Friesen kenne ich auch sehr gut. Paulo Sérgio hat mich vor einigen Jahren mit ihnen zusammengebracht.

Heiko Herrlich: Ronaldo Friesen hat einmal über Vergebung gepredigt, was mich sehr inspiriert hat, anders zu denken. Wir als Christen wissen, dass wir entscheiden dürfen, ob wir es jemandem übel nehmen, wenn uns etwas

Böses angetan wird oder nicht. Wir haben das selbst in der Hand. Wenn jemand schlecht über mich redet, dann ertappe ich mich immer wieder dabei, dass ich demjenigen das übel nehme. Schaffe ich es aber dann, mich daran zu erinnern, dass ich die Chance habe, es der Person nicht nachzutragen, dann kann ich bewusst vergeben. Das Gefühl, das man anschließend hat, ist einfach befreiend und eben ein göttlicher Moment, in dem wir lernen können, dass wir durch Gottes Liebe auch unsere Limits sprengen können.

David Kadel: Ziemlich außergewöhnliche Haltung!

Heiko Herrlich: Ja, aber du fühlst dich einfach nicht gut, wenn du ständig in so einer Klagehaltung bist. Die zieht dich runter. Und auch diese ewige Bittstellerhaltung vor Gott fühlt sich nicht gut an. Ich habe in den letzten Jahren meines Christseins gemerkt, dass sich alleine das *Danken* wirklich gut anfühlt. Das ist die beste Haltung, die man haben kann. Wenn man sich mal verinnerlicht, wie viele Gründe man eigentlich hätte, dankbar zu sein, dann muss man sich ja fast schon schämen, dass man ständig so unzufrieden ist. Dankbar fürs Leben zu sein, trotz allem, was auch sicherlich grade nicht so gut läuft. Wenn du das einmal verstanden hast, tief im Herzen, dann hast du plötzlich eine ganz andere Haltung gegenüber dem Leben und gegenüber Gott. Dankbarkeit ist ein Schlüssel für Glück.

David Kadel: Einer deiner Spieler hat mir erzählt, dass du das kürzlich bei der Mannschaft angeregt hast: „Jungs, wir sind jetzt für einen Moment ruhig und danken heute mal einige Minuten dem lieben Gott für unser Leben!" So was sieht man ja jetzt nicht im normalen Bundesligatraining. Wie bist du darauf gekommen?

Heiko Herrlich: Ich werde hier gemessen an Punkten und an Ergebnissen, das ist mir vollkommen klar. Aber es gibt für mich vier Leistungsfaktoren: Technik, Taktik, Athletik und eben auch die Persönlichkeit. Und ich glaube, mittlerweile gibt es so viele Taktikfüchse und Athletiktrainer, und technisch sind die alle unheimlich gut, aber diese Persönlichkeitseigenschaften werden in ihrer immensen Bedeutung völlig unterschätzt. Teamplayer zu sein geht ja nur, wenn ich an meiner Persönlichkeit arbeite und da gehört zum Beispiel die Dankbarkeit dazu.

David Kadel: Das heißt, du trainierst nicht nur Fußball, sondern auch den Charakter?

Heiko Herrlich: Ja klar! Irgendwann muss jeder für sich begreifen, dass ich besser bin, wenn ich mich mit mir selbst wohlfühle und an meiner Persönlichkeit und Denkweise arbeite. Da sehe ich auch total das Potenzial, das wir noch zusätzlich ausschöpfen können und deshalb komme ich immer wieder mit solchen Sachen, die wir nicht messen können. Dasselbe habe ich damals in deinem Film mit Jürgen Klopp in seinen Erfolgsfaktoren, den 4D, entdeckt: Demut, Dankbarkeit, Disziplin und Durchhaltevermögen. Da kannst du Kloppo liebe Grüße sagen, das würde ich genauso unterstreichen. Seine Gedanken habe ich für mich adaptiert und auch so weitergegeben.

Außerdem habe ich als Fußballlehrer auch einen pädagogischen Auftrag, jungen Menschen zu helfen, sich zu besseren Menschen zu entwickeln. Gerade da spielt eben auch der Glaube eine Rolle. Denn am Ende des Tages muss es ein höheres Ziel geben und du willst denen ja auch was mitgeben. Natürlich will ich meinen Job nicht mit einem missionarischen Auftrag missbrauchen. Aber ich vermittle bewusst Botschaften, auch aus der Bibel, bei denen meine Jungs auch wieder feststellen: Ja, miteinander zu wachsen und bestimmte biblische Werte wie Demut, Dankbarkeit und Dienen – übrigens das fünfte –, miteinander zu entdecken, das ist doch viel schöner, als wenn das jeder isoliert für sich macht!

David Kadel: Ist aber sicherlich schwierig, *Demut* in einer reinen Ego-Gesellschaft zu vermitteln?

Heiko Herrlich: Ja, aber nur weil dieser Teamgedanke, dass ich nicht so wichtig bin, sondern das Team, leider im Lauf der Jahre verloren gegangen ist. Heute gibt es gelbe, rote, grüne, blaue Schuhe, jeder hat sein Bändchen, jeder sein Tattoo, das ist alles wichtiger, als Diener

zu sein. Für die Mannschaft. Für den Nächsten. Und das ist schwer rüberzubringen. Aber ich versuche es. Garantieren kann ich es nicht. Aber die Jungs verstehen jeden Tag besser, dass es uns allen hilft, wenn wir *miteinander* das Beste geben, als Team mit großem Zusammenhalt. Und wenn man das mit dem Herzen verstanden hat, dieses *Wirgefühl*, wenn man verinnerlicht hat, zu dienen, dann entdeckt man, wie man dem anderen plötzlich auch etwas gönnt und es die eigene Haltung verändert. Wenn dann die anderen mal besser sind, dann ist das eben so.

David Kadel: Hast du ein kreatives Schimpfwort, das du öfter benutzt? Denn ein Trainer ist ja nicht immer zufrieden.

Heiko Herrlich: Zu meinem Co-Trainer sage ich oft Volleyballtrainer, weil er früher mit so einer Studentengruppe mal Volleyball gespielt hat. Er weiß dann genau, was ich damit meine.

Quelle: *Sportbild*

David Kadel: Es gibt Menschen, die sagen, wenn man im Jetzt lebt, dann wäre man – Konjunktiv – glücklich. Wie gut schaffst du das, im Jetzt zu leben?

Heiko Herrlich: Manchmal mehr, manchmal weniger. Mir ist es damals bewusst geworden, als ich meinen Hirntumor hatte. In der Zeit habe ich irgendwann den Dreh bekommen, und gesagt: Okay gut, ich weiß jetzt nicht, ob ich noch zwei Monate lebe, ob ich zehn Monate lebe, zwei Jahre, zehn Jahre, 30 Jahre. Letztendlich ist das wurscht, denn ich sage täglich: „Danke lieber Gott, dass ich zumindest die Chance habe, jeden einzelnen Tag intensiv zu leben – auch wenn ich nur noch zwei Monate zu leben hätte. Ich bin dankbar, dass ich mit den Leuten um mich herum sehr bewusst leben und jeden Moment genießen darf und ihnen damit sogar ein gutes Gefühl geben kann, wenn sie mit mir zusammen sind!"

David Kadel: Kennst du Einsamkeit?

Heiko Herrlich: Ja kenne ich. Ich habe eine Scheidung hinter mir. Da fühlt man sich nicht nur alleine, sondern auch einsam. Weil du eben von deiner Familie getrennt bist. Und das tut dann unheimlich weh. Auch die Trennung von deinen Kindern. Ich glaube, das können sich viele Exfrauen gar nicht so richtig vorstellen. Das bedeutet nicht, dass man deshalb zusammenbleiben müsste. Ist ja nicht dein Besitz, deine Ehefrau. Aber es ist oft, glaube ich, für die Väter schwieriger, als es sich viele vorstellen können, weil man die Kinder eben nicht mehr immer sieht.

David Kadel: Fußball ist ja oft ein knallhartes Geschäft. Du wirkst wie jemand, der nach außen hart aber innerlich sehr weich ist. Würdest du sagen, du bist nah am Wasser gebaut?

Heiko Herrlich: Ja, ich habe immer wieder mal emotionale Momente, in denen mir auch die Tränen kommen. Ich kann mich zwar gut am Riemen reißen, aber so manche Geschichten können mich sehr tief berühren und ich bin sehr froh, dass ich sie noch an mich heranlassen kann und mir dann manchmal auch die Tränen kommen. Richtig weinen kann ich nicht mehr, oder selten. Aber Tränen kommen mir schon hin und wieder. Da weiß man, dass man noch lebt.

David Kadel: Welche Ablenkung in deinem Leben müsstest du mehr verbannen? Wir leiden ja alle komplett unter Reizüberflutung.

Heiko Herrlich: Ja, man erwischt sich immer wieder mal, bei diesen Smartphones. Die sind schon Fluch und Segen. Die sind Segen, weil ich 12.000 Bilder auf meinem I-Phone habe. Ich könnte dir die ganze Sizilienreise mit meinem Vater zeigen. Wunderbar! Aber die Kehrseite ist, dass man, sobald Stille eintritt, auf dieses Ding guckt, um zu sehen, was es Neues gibt. Ich habe es zum Bespiel früher geliebt, Tageszeitungen zu lesen, zunächst die Badische Zeitung, dann hier den Kölner Stadtanzeiger und die Süddeutsche. Aber mittlerweile habe ich keine Tageszeitung mehr, weil ich das, was ich darin am nächsten Tag lese, schon vorher in drei Kommentaren auf meinem Smartphone gelesen habe. Diese Zeitungskultur ist leider verloren gegangen.

David Kadel: Was ist für dich inspirierend? Wovon hättest du gerne mehr?

Heiko Herrlich: Ja also, da ist zunächst mal die Ruhe im Gottesdienst. Wenn ich irgendwie kann, gehe ich Sonntagmorgen in Dortmund oder in München oder in Kufstein in die freie evangelische Gemeinde. Ich genieße dann die Musik, den Worship und natürlich die Predigten über Jesus, über Gottes Charakter, über Dinge, die mich berühren.

David Kadel: Und du hoffst eine Predigt zu hören, an die du dich nach zwei Tagen noch ein bissel erinnerst? Ist ja leider auch nicht immer inspirierend so ein Gottesdienst.

Heiko Herrlich: Das stimmt, aber am vergangenen Sonntag hatte ich nach dem Gottesdienst zum Beispiel ein intensives Gespräch mit jemandem, der ein bestimmtes Problem hatte. Ich hab ihm geraten, er solle souverän mit der Situation umgehen. Er war total aufgebracht, weil seine Chefin ihn rausmobben wollte. Dann hab ich ihm von mir erzählt. „Hey", habe ich gesagt, „ich hab das auch schon mal im Fußball erlebt, dass man mich loswerden wollte! Geh einfach souverän damit um, mit Gott neben dir! Versuch das zu akzeptieren. Denk an Jesus. Linke Backe, rechte Backe. Gib einfach dein Bestes. Die gleiche Situation habe ich doch jetzt auch hier in Leverkusen. Bei den Wettanbietern werde ich als Nummer 1 für den ersten Trainerrauswurf gehandelt." ‹lacht herzlich› Und ich glaube, er war danach wirklich sehr ermutigt. Manchmal geht man auch in einen Gottesdienst und nimmt jetzt nichts selber mit, sondern konnte jemand anderem wildfremden helfen.

David Kadel: Hast du in deinem Leben mal ein Wunder erlebt?

Heiko Herrlich: Ja, einige. Natürlich sind das sehr persönliche Dinge mit Gott. Aber ich empfinde es als Wunder, wenn du ein Kind bekommst, das gesund ist. Das habe ich dreimal erlebt. Jede tiefere Beziehung zu einem Menschen ist für mich ein Wunder. Wenn sie gelingt. Dann ist das ein Wert, ein Reichtum, der nicht mehr zerstörbar ist. Das versuche ich immer den Leuten zu erklären. Ich glaube, wenn du stirbst, die letzte Stunde, in der du weißt, jetzt geht es dem Ende zu, dann denkst du nicht: *Ah, wie habe ich damals den 911er im Porschezentrum abgeholt. Wie habe ich meine Rolex bei Wempe gekauft. Wie habe ich die super Prada Jeans im Prada Laden geholt,* sondern dann sind die

Reichtümer, an die du denkst, die zwischenmenschlichen Beziehungen zu deinen Kindern, zu deinen Eltern, zu deinen Freunden. Und auch deine Beziehung und deine Erlebnisse mit Gott, der immer treu war und dich immer getragen hat, zählen dann unendlich viel. Das ist es, was bleibt und was wirklich zählt.

David Kadel: In Deutschland habe ich das Gefühl, wird das mit dem Glauben immer weniger. Kurioserweise ist die Entwicklung im Profifußball eine ganz andere. Denn dort bekennen sich immer mehr Spieler zu ihrem Glauben an Gott.

Heiko Herrlich: Das wundert mich auch.

David Kadel: Hast du eine Erklärung dafür?

Heiko Herrlich: Das ist komisch, denn damals, als ich Spieler war, habe ich das Gefühl gehabt, die Leute denken, ich wäre nicht ganz dicht. Weil ich kein Ausländer war und als Deutscher trotzdem einen sehr tiefen Glauben an Gott hatte. Und die Leute haben sich damals auch über mich lustig gemacht. Das war so schlimm, dass ich mich oft für meinen Glauben geschämt habe. Das kam auch daher, dass ich noch nicht so fest im Glauben war, wie heute. Und heute ist es genau andersherum. Die Spieler öffnen sich immer mehr dem Glauben gegenüber, weil sie spüren, dass sie lebendige Statussymbole sind, und es eigentlich gar nicht sein möchten. Und weil sie abends zu Hause vorm Spiegel sitzen und einfach nicht nach Leistung, sondern als Mensch beurteilt werden wollen. Für Ihre Werte, für die sie stehen und für ihren Charakter und für diese echten, haltbaren Werte, die der Glaube dir vermittelt. Damit können Sie sich identifizieren. Sie sind zwar mit den sauteuren Prada Rücksäcken unterwegs und stolz auf ihr neues Tattoo und die hippen Schuhe, aber sie spüren halt, da muss doch mehr sein. Der ganze Luxus befriedigt sie nicht. Und die spüren eben sehr genau, dass es allein dieser tiefe Glaube an Gott ist, wo sie den Halt und die Kraft für ihr Leben finde.

David Kadel: In deiner Mannschaft sind ja auch einige Spieler wie Benny Henrichs oder Jonathan Tah, die in einen Profi-Bibelkreis oder regelmäßig in die Kirche gehen.

Heiko Herrlich: Darüber freue ich mich total. In Regensburg hatten wir auch vier, fünf gläubige Spieler, die wirklich eine intensive Beziehung zu Gott hatten und regelmäßig zu den Bibelkreisen gegangen sind, weil es sie innerlich gestärkt hat. Hier in Leverkusen ist das genauso. Das ist eine tolle Entwicklung. Ich hoffe, dass diese Welle irgendwann überschwappt, auf die normale Gesellschaft und dass wir da eben auch Vorbilder sein können.

David Kadel: Wer ist der berühmteste Mensch in deinem Adressverzeichnis?

Heiko Herrlich: Wahrscheinlich Jogi Löw. Oder Toni Kroos.

David Kadel: Den hast du trainiert, oder?

Heiko Herrlich: Den habe ich in der U17 trainiert und der hat mich kürzlich auch zu seiner Toni Kroos Gala eingeladen. Ich bewundere Tonis tolle menschliche Entwicklung. Was er da mit seiner Toni Kroos Gala für bedürftige

„Der will nur spielen, der Olli!"

Menschen auf die Beine gestellt hat und wie er damit benachteiligten Familien hilft, das ist schon unglaublich.

David Kadel: Letzte Frage: Was wirst du Gott fragen, wenn du in den Himmel kommst und vor ihm stehst?

Heiko Herrlich: Hast du das alles so gewollt?

David Kadel: Auf die Antwort bin ich mal gespannt, falls ich da in deiner Nähe sein sollte. Vielen Dank Heiko für dieses sehr ehrliche Gespräch!

Heiko Herrlich
FACTSHEET

VEREINE	FC Kollnau FC Emmendingen SC Freiburg Bayer 04 Leverkusen Borussia Mönchengladbach Borussia Dortmund
TRAINER VON	Borussia Dortmund VfL Bochum DFB U17 Nationalmannschaft SpVgg Unterhaching FC Bayern München SSV Jahn Regensburg Bayer Leverkusen
LÄNDERSPIELE	5 A für Deutschland
GEBURTSTAG	03.12.71
GEBURTSORT	Mannheim
BESONDERHEIT	Torjägerkanone 1995 für Mönchengladbach Weltpokalsieger mit dem BVB und seinem Tor zum 2:0 vs Belo Horizonte

Davie Selke
Knipser mit Herz

Davie habe ich während der Dreharbeiten zu unserem Film „Und vorne hilft der liebe Gott" kennengelernt. Selten habe ich im Fußball einen so offenen und sympathischen Kerl getroffen, der sein Herz auf der Zunge trägt. Übrigens nicht nur dort, denn seine göttlichen Bekenntnisse auf Schulter und Rücken sind beinahe ein Gesamtkunstwerk. Während auf seinem Körper nicht mehr viel Platz für neue Tattoos ist, bietet sein Zukunfts-Planer jede Menge Platz für Ideen: „Den Menschen in meiner Heimat Äthiopien helfen ein besseres Leben zu führen!" ist nur eins seiner Herzensthemen, mit denen er sich beschäftigt – wenn er nicht gerade die U21 mit seinen Toren zum Europameister schießt.

David Kadel: Schaut man auf deine Karriere, muss man ja fast schon Ehrfurcht haben: Olympia-Silber für Deutschland 2016, Europa-Meister 2017. Und dann 2018: Ich glaube, da ist irgend so ein Turnier in Moskau? Läuft bei dir, oder?

Davie Selke: Europa-Meister ist schon was extrem Besonderes. Auch die Medaille mit dem Olympiateam. Ehrlich gesagt, habe ich das alles noch nicht ganz realisiert, ich bin immer noch in der Verarbeitungsphase. Wahnsinn. Aber das sind Titel, auf die ich wirklich stolz bin! Und 2018 ‹lacht›: Ich weiß schon, dass du mich locken willst, aber du kennst mich: Ich mache immer alles step by step, keine Ahnung, was die Zukunft bringt. „God knows".

David Kadel: Gute Einstellung, also dann der U21 Europameister Titel, was war dein persönliches Highlight?

Davie Selke: Die Rückfahrt im Bus nach dem Wahnsinns-Spiel gegen Spanien, mit dem Pokal an Bord – das werde ich niemals vergessen. Da sind alle Hemmungen gefallen. Wir haben den kompletten Bus auseinandergenommen und vor Freude gegrölt, bis die Stimmbänder heiser wurden. Und wenn's dann mal zehn Sekunden still war, dann saß ich da und hab gedacht: „Alter, wir haben gerade Spanien im EM Finale besiegt. Wie geil ist das denn, kann mich mal einer zwicken!" Und dann hat wieder einer die Stille mit einem Lied über Stefan Kuntz und den Staff durchbrochen und alle haben mitgegrölt. An diese Rückfahrt denke ich bis heute immer wieder.

David Kadel: Euer Torwart ist da, glaube ich, immer wieder der Vorsänger gewesen, oder?

Davie Selke: Ja, der Pollersbeck ist ja unser kreativer Verrückter. Der hat immer nach den Spielen, ob unter der Dusche oder dann später im Hotel, irgendwelche verrückten Zeilen ganz individuell auf jeden einzelnen Spieler gedichtet, und wir haben dann alle den Refrain hinterher gesungen: „Fiderallala, fiderallala, fider-raaa-la-laaaa-la-laaaaa". ‹singt und lacht› Manchmal kam ich mir wie auf einem wilden, niemals endenden Kindergeburtstag vor.

Silbernes Lorbeerblatt von Jogi Gauck

David Kadel: Dein Lowlight war ja sicher, dass du wegen einer Verletzung das Finale verpasst hast?

Davie Selke: Das war für den Moment schon bitter, im Finale zuschauen zu müssen und den Jungs nicht helfen zu können. Wir hatten ja auch alles mit der medizinischen Abteilung versucht, aber du kennst ja meine Einstellung, David: Ich vertraue immer auf Gott. Und ich meine das auch so, immer. Das bedeutet also auch in diesen „Down-Phasen", die zum Sport auch dazugehören. Da bleibe ich innerlich ruhig. Einen Moment lang bin ich zwar enttäuscht, aber trotzdem habe ich Vertrauen in Gott und sage ihm: „Du weißt schon, was du tust, Gott."

David Kadel: Mit Thilo Kehrer hattest du einen im Team, der in unseren NRW-Profi-Bibelkreis geht. Ein gutes Gefühl, jemand in der Truppe zu haben, der auch an Gott glaubt? Da fühlt man sich dann nicht so alleine, oder?

Davie Selke: Ja ich feier das, ich finde das sehr, sehr stark, was ihr da mit den Jungs macht. Im Allgemeinen finde ich Bibelkreise cool: sich mit Menschen zu treffen und über diese inneren Themen und den Glauben zu reden. Und Thilo ist ja auch ein überragender Typ mit Führungsqualität. Aber ehrlich gesagt, ist es für mich wichtig, dass ich diesen starken Glauben habe, unabhängig von anderen, denn man muss für sich selbst entscheiden, ob man sich dazu bekennt oder nicht. Und wenn sich einer aus der eigenen Mannschaft bekennt, dann freut es mich natürlich, dass er auch Jesus folgt.

David Kadel: Jesus Follower gibt's ja auch viele in Brasilien, ich habe gerade die Christusstatue vor Augen. Rio 2016 hat auch einen Ehrenplatz in deinem Herzen, mit einer echten Silbermedaille zu Hause, oder?

Davie Selke: Ja, absolut. Es ist auch Wahnsinn, was diese Medaille bei Leuten bewirkt, das ist das Krasse.

David Kadel: Erzähl!

Davie Selke: Egal, wo ich seitdem hingegangen bin, wollten alle die Medaille sehen. Ich musste sie in mein damaliges Stammrestaurant und auch zu meinem Friseur mitbringen.

David Kadel: ‹singt› Hol die Medaille raus, hol die Medaille raus.

Davie Selke: Alle haben gefragt, wo denn die Medaille ist. Unglaublich, was das für eine Reaktion ausgelöst hat. Und ich denke erst in 20 Jahren, wenn ich irgendwo auf der Couch rumliege, verstehe ich erst, was für eine Riesensache wir da erreicht haben. Das ist Wahnsinn.

David Kadel: Du als 12-jähriger Kerl im Stadion?

Davies Olympisches Sommermärchen in Rio

Davie Selke: Ich war damals noch im Gottlieb-Daimler-Stadion, kein Spaß.

David Kadel: Okay, wie waren die Momente dort, was ist dir in Erinnerung geblieben, du im Stadion?

Davie Selke: Ich habe damals ein Spiel gesehen, VfB Stuttgart gegen Hertha BSC Berlin. Ich weiß noch, dass es 3:3 stand und dass es Wahnsinn war. Ich war bloß Zuschauer, aber trotzdem extrem nervös. Die Karten hatte ich damals geschenkt bekommen. Es war extrem. Damals war noch Marcelinho bei Hertha und Cacau beim VfB – ja, kein Spaß.

David Kadel: Ja, Cacau war ja auch einer von der Fraktion: „Ich bekenne mich und finde es nicht peinlich."

Davie Selke: Richtig, wie kein Zweiter. Da habe ich auch das erste Mal ein bisschen Kontakt zu Cacau gehabt; weil ich immer gesehen hab, er bekennt sich bei jedem Tor. Er zeigt immer nach oben, das fand ich damals schon beeindruckend. Christ zu sein ist gar nicht so uncool. Ich glaube, dass es grade heute einfach sein sollte, als Christ verstanden zu werden. Viele Leute, die man vielleicht ganz gut findet, sind Christen.

David Kadel: Christsein ist gar nicht so uncool. Ja, wirklich, aus deinem Mund klingt das wie eine Einladung. Es klingt ganz gut.

Davie Selke: Ja, absolut. Ich glaube, das sollte auch das Ziel sein.

David Kadel: Wann hast du den Glauben für dich entdeckt?

Davie Selke: Als ich klein war, habe ich eine Kinderbibel gehabt und immer vor dem Einschlafen ein paar Geschichten durchgeblättert. Ein Vers, der mich aber bis heute sehr ermutigt, lautet: „[...] die Freude am Herrn ist eure Stärke!"

(Nehemia 8,10). Ja, diese Kinderbibel war schon schön, das war eine mit vielen Bildern und nicht so viel Schrift und ehrlich gesagt habe ich meistens die ganzen Bilder durchgeblättert.

David Kadel: Schrift wird völlig überbewertet.

Davie Selke: Ja, absolut. ‹lacht› Bis heute mag ich Bilder und Filme mehr. Es gibt ja auch gute christliche Filme. Aber die Bibel ist schon das Buch schlechthin, das muss man gelesen haben. Ich habe mich viel mit ihr beschäftigt – mein Onkel ist ja auch Pastor – und ich fand es sehr, sehr beeindruckend, wie Jesus mit Menschen umgegangen ist. Wie er sich verhalten hat. Wie er sich geopfert hat. Wie er für uns alles in Kauf genommen hat. Daran versuche ich mich zu orientieren.

David Kadel: Sprichst du viel mit Gott?

Davie Selke: Ja. Ich bete oft, aber manchmal mache ich mir auch den Vorwurf, dass ich Jesus nicht genug Zeit widme. Es gibt mal Phasen, die kennt bestimmt jeder, in denen man ein bisschen abschweift und sich nicht jeden Tag bei ihm bedankt. Aber in einer schwierigen Zeit, wie bei mir grade im sportlichen Bereich, ist es eine Art Probe. Ich bete ihn an und erzähle ihm meine Probleme und erhoffe mir ein besseres Gefühl – das funktioniert bei mir meist auch ganz gut.

David Kadel: Also es funktioniert, dass es sich nach dem „Amen" besser anfühlt?

Davie Selke: Ich fühle mich sogar viel besser. Nach jedem Gebet ist das so, egal wie lang. Für mich gibt es keine Zweifel, dass es Gott gibt.

David Kadel: Ja?

Davie Selke: Ja, ich vertrau 100 % auf ihn. Und daraus versuche ich auch in schweren Phasen meine Kraft zu ziehen. Auch wenn es mal nicht so gut läuft, weiß ich, dass er trotzdem da ist. Dass Gott trotzdem an meiner Seite ist und mir vielleicht gerade eine kleine Prüfung stellt, die ich mit seiner Hilfe überwinden muss.

David Kadel: Hast du eine Geschichte in der Bibel, die dich inspiriert?

Davie Selke: Die Geschichte von Jakob, der einen seiner Söhne, Josef, sozusagen bevorzugt hat.

David Kadel: Der Träumer?

Davie Selke: Ja genau, Josef der Träumer, der dann von seinen Brüdern verkauft wurde. Der sehr viel einstecken musste und am Ende dann trotzdem treu an Gott festgehalten hat und diesen unglaublichen Karriere-Weg gemacht hat.

David Kadel: Was war sein Geheimnis? Was inspiriert dich an Josef?

Davie Selke: Er war sehr klug und wissbegierig. Bescheiden und demütig. Demut ist hier entscheidend, die empfinde ich als eine der wichtigsten Eigenschaften, gerade im Fußball.

Wenn man sieht, wie schlecht Josef behandelt wurde, egal wo er hinkam, hätte er zig Gründe gehabt, den Glauben an Gottes Hilfe zu verlieren. Trotz der widrigen Umstände hat er sein Vertrauen in Gott festgehalten. Und noch viel mehr, denn im Endeffekt hat er dazu noch seinen Brüdern vergeben, die ihn in diese unmenschliche Situation gebracht haben. Also, man lernt von dieser Josef-Geschichte viel.

Wichtige Selke Tore zum EM Titel 2017

Davies Markenzeichen bei Hertha: Pure Entschlossenheit!

David Kadel: Auch für den Alltag?

Davie Selke: Ja, absolut. Man erlebt Ungerechtigkeiten selbst ja auch. Dabei positiv zu bleiben, mit dem Gedanken, dass Jesus allen – sogar denen, die ihn ans Kreuz genagelt haben – vergeben hat, zeugt von Größe.

David Kadel: Klingt nach eigener Erfahrung?

Davie Selke: Absolut. In meiner Karriere ging es ja fast immer nur bergauf, bevor ich den Schritt zu RB Leipzig wagte. Wo ich dann schmerzlich auch die andere Seite des Fußballs kennenlernen musste. Und dass man sehr verschiedene Sichtweisen auf das Spiel, das wir alle lieben, haben kann. Doch Rückschläge gehören für mich einfach dazu und in meinem Fall haben sie mich tatsächlich stärker gemacht. Ich bin auf dem Platz, hier bei Hertha, ein sehr emotionaler Spieler: Als ich noch jünger war und nicht diese Verbindung zu Gott hatte, konnte ich diese Emotionen oft nicht kontrollieren. Aber mit den Jahren und nach vielen Gesprächen mit erfahrenen Trainern und Spielern habe ich gelernt, eine gewisse „innere Stärke" zu entwickeln und positive Emotionen zu meiner Mentalität zu machen.

David Kadel: Hat dir Ralf Rangnick vergeben?

Davie Selke: Wofür?

David Kadel: Für den Muskelfaserriss, den du ihm zugefügt hast, damals in Leipzig beim Bierduschen?

Davie Selke: Aber einen richtig heftigen Muskelfaserriss. ‹lacht›

David Kadel: Er holt sich einen Muskelfaserriss, weil er vorm Selke abhaut? Hätte er doch

wissen müssen, dass du 'ne Rakete auf dem Platz bist. Was für ein cooles Bild.

Davie Selke: Stimmt, und das Foto ging im Netz durch die Decke, weil's auch wirklich außergewöhnlich ist.

David Kadel: Wie viel Zeit verbringst du auf Insta? Wie wichtig ist dir dieses Social Media, Facebook, Twitter-Glitter-Gewitter?

Davie Selke: Ja, man muss sagen, das gehört zur heutigen Zeit einfach dazu, und ich glaube für die Leute ist das auch gut, dass sie da dranbleiben können und private Einblicke bekommen.

David Kadel: Privates für deine Fans ist oft mit sehr persönlichen Aussagen verbunden, die man in dieser Offenheit selten bei Stars antrifft. With God everything is possible (Matthew 19:26), zeigst du auf einem Foto bei Instagram. Wie reagieren Leute darauf? Überwiegen da die Likes oder gibt's mehr komische Kommentare bei so was?

Davie Selke: Witzig ist, dass es da weniger Likes gibt, aber mir geht es ja um die Message.

David Kadel: Also in unserem Gespräch merke ich schon, dass du einer bist, der sich nicht davor scheut, sich zu bekennen. Deine vielen Tattoos haben ja auch einige inspirierende Aussagen. Welches bedeutet dir am meisten?

Davie Selke: ‹Zeigt sein Tattoo auf dem Brustkorb› Where your treasure is, there your heart will be also.

David Kadel: Also „Wo dein Schatz ist, da ist auch dein Herz". Warum ist dir das so wichtig?

Davie Selke: Das habe ich auf meine Familie und Freundin Evelyn bezogen, weil ich oft unterwegs bin. Aber wo dein Schatz ist, da ist auch dein Herz. Das heißt, egal wo du bist, da ist auch dein Herz, und die Menschen, die du liebst. Das ist meine ganz persönliche Interpretation. Und ein sehr schöner Bibelvers, wie ich finde.

David Kadel: Wie viele Tattoos hast du insgesamt?

Davie Selke: Viele. ‹lacht laut› Ich kann die nicht mehr zählen, das sind echt viele und es kommen auch noch ein paar dazu.

David Kadel: Du hast, glaube ich, auch noch ein Jesus-Abbild in ganz groß?

Davie Selke: Ja, das war mein erstes Porträt. Mir gibt Jesus mit seiner Liebe für mich unheimliche Kraft und Ruhe. Ich vertraue ihm von Herzen, dass er immer einen guten Weg für mich breithält.

David Kadel: Welche Eigenschaft an ihm findest du faszinierend? Eine, von der du sagst: „Deswegen bin ich sein Fan, deswegen find ich ihn so toll!"?

Davie Selke: Dass er einem jeden Fehler verzeiht, wenn man ihn ernsthaft bereut. Vergebung ist ein ganz großes Thema für mich. Weil man einfach in solchen Momenten Größe zeigt.

David Kadel: Und auch Liebe.

Davie Selke: Und auch Liebe, auf jeden Fall, und daran sollte man sich orientieren, das ist auch für mich ein großes Thema, wo ich mehr lernen möchte. Ich konnte früher nicht so gut vergeben und das kann ich mittlerweile besser, weil ich mich einfach immer an Gott und Jesus halte und sage: „Wenn sie vergeben, wer bin dann ich, dass ich nicht vergeben kann?"

David Kadel: Geniale Einstellung. Wird man selbstbewusster durch Glauben? Durch das Wissen: „Ich bin nicht alleine"?

Davie Selke: Ja, ich denke schon. Gerade vor so wichtigen Spielen, wie ich sie schon spielen durfte, noch mal Gott zu bitten, mir den Beistand, die letzte Konzentration, die Kraft und die Fokussierung zu geben. Aber arbeiten muss man selbst – hart und extrem diszipliniert. Für die Feinheiten kannst du den Beistand erbeten. Das Wichtige ist immer, dass man seine Ziele vor Augen hat. Man muss fokussiert sein und sich früh ein klares Ziel setzen, wobei man sich selbst sagt, dass man das unbedingt schaffen will, alles dafür opfern und dem alles unterstellen wird. Ich glaube, wenn man das macht, hart arbeitet und kontinuierlich an seinem Weg bleibt, dann wird man auf jeden Fall etwas Gutes ernten.

David Kadel: Ihr Fußballer seid sehr privilegiert. Kannst du dir vorstellen vielleicht mal später so was wie eine Stiftung zu gründen?

Davie Selke: Auf jeden Fall.

David Kadel: In welche Richtung würde das gehen?

Davie Selke: In Richtung meines Mit-Heimatlandes Äthiopien. Ich würde versuchen, ein kleines Dorf zu unterstützen, ganz offen welches, vielleicht Brunnen und Schulen bauen, helfen – ja, in die Richtung möchte ich auf jeden Fall gehen.

David Kadel: Ich habe jetzt am Bahnhof so eine große Werbung gesehen von einem Kinderhilfswerk, die darauf sagen: „Die schlimmste Katastrophe ist das Vergessen". Wie wichtig ist es für dich, bei all dem Bundesliga-Glitter die reale Welt da draußen im Blick zu behalten?

Davie Selke: Ich denke, wir haben von Gott so viele große Geschenke bekommen, nicht nur unseren Traum zu leben, sondern auch finanziell wirklich abgesichert zu sein. Davon sollte man auch viel abgeben. Ich versuche bewusst immer wieder an die Leute zu denken, denen es nicht so gut geht. Und für mich persönlich ist Äthiopien, auch durch den familiären Hintergrund, etwas sehr Besonderes. Ein Land, in dem unfassbar große Armut herrscht. Wenn man dadurch, dass man etwas abgibt, einem Teil helfen kann und Kindern die Chance auf ein besseres Leben bieten kann, dann ist das eine Sache, die ich früher oder später umsetzen will.

David Kadel: Zurück nach Deutschland: Bist du einer, der bei der Nationalmannschaft auch verweigert, wenn die Hymne kommt? Weil immer, wenn ich gucke, frage ich mich, ob der Özil vielleicht ja heute mal singt? Bist du bei der Nationalhymne am Start?

Davie Selke: Natürlich! Und voller Stolz.

David Kadel: Ja, du singst? Du singst dann voller Inbrunst?

Davie Selke: Ja, ich sehe mich auch als Deutscher.

David Kadel: ‹fängt an zu singen› Einigkeit und Recht und Freiheit …

Davie Selke: ‹singt mit und lacht› … für das deutsche Vaterland. Nee, das wollen wir den Leuten nicht antun, dass ich singe. Das will keiner hören. Aber mal im Ernst: Ich freue mich immer wieder, hierher zurückzukommen, und mache mir immer wieder bewusst, wie gut wir es hier haben. Das schätze ich sehr.

David Kadel: Du bist ja mal ein Kerl, der positiv über Deutschland spricht. Man merkt, dass es bei dir echt von Herzen kommt. Wir haben ja vor Kurzem noch einen Bundespräsidenten gesucht …

Davie Selke: Also, ich hätte Zeit. ‹lacht›

David Kadel: ‹lacht› So viel zum Thema Demut.

David Kadel: Wie ist das für dich als Christ, dieses Wissen, wertvoll zu sein, weil du von Gott geliebt wirst? Ohne Leistung, einfach so. Im Gegensatz zum Bundesliga-Alltag, wo du nur von den Fans und den Medien geliebt wirst, wenn du funktionierst, wenn du Leistung bringst – also Liebe gegen Leistung. Wie gehst du mit dieser Zerrissenheit um?

Davie Selke: Das ist eine gute Frage. Also, ich denke, dass ich das ganz klar unterscheiden

Well Done! Mit Freundin Evelyn

kann. Ich weiß, dass ich der Held bin, wenn ich zwei Tore mache und uns damit zum Sieg schieße. Genauso ist mir bewusst, wenn ich mal nicht treffe oder mal eine schlechtere Phase habe und nicht gut spiele, dass ich dann sozusagen der Depp bin. Ich bin super froh, den Unterschied verstanden zu haben. Und zu wissen, dass Jesus mich wirklich immer liebt und mich nimmt, wie ich bin, mit allen Ecken und Kanten und allen Fehlern, die ich mache.

David Kadel: Und du musst nichts bringen.

Davie Selke: Und du musst ihm nichts bringen außer dein Herz. Andererseits ist es das Geschäft, wo die Leute dann auch mal zu Recht sauer sind. Die ganz große Herausforderung ist es, das unterscheiden zu können.

David Kadel: Das heißt, ist es etwas, das du dir immer wieder bewusst machst und dir sagst: „Ich darf mich in dieser Welt nicht zu sehr verlieren, sonst gehe ich unter!"?

Davie Selke: Ja, das ist etwas, das ich ganz klar trenne. Wenn man sich da zu sehr reinsteigert und sich immer alles zu sehr zu Herzen nimmt, was über die eigene Person geschrieben wird, wird man irgendwann verrückt. Das ist es auch, was die Leute eigentlich immer unterschätzen, den riesen Druck, dem man Woche für Woche standhalten muss. Wenn man oben auf der Tribüne sitzt, ist es ist immer leicht zu sagen: „Spiel den Ball, mach doch das Tor!" Aber wenn man da unten vor 60.000 Menschen steht und dann selber spielen muss, merkt man erst, wie schwer das eigentlich ist, wie sehr das eigentlich immer unterschätzt wird. Die Leute sagen, man spielt nur Fußball, aber das ist mehr, viel mehr!

Mit Vater Teddy und Freunden in Jerusalem

David Kadel: Wie gehst du persönlich mit dem Druck um? Jetzt bei der Hertha ist die Erwartung an dich ja auch wieder gestiegen.

Davie Selke: Das stimmt, aber wenn ich das große Vertrauen, das sie mir bei der Hertha entgegengebracht haben, mit Toren und guten Spielen zurückzahlen kann, dann habe ich mein Ziel erreicht. Dann ist das was Wunderschönes und kein Druck. Ich möchte als Allererstes eine gute Saison spielen und mit diesem tollen, familiären Klub wieder für Furore sorgen, damit von der Hertha wieder geschwärmt wird.

David Kadel: Aber der Druck begleitet einen immer?

Davie Selke: Natürlich, aber ich glaube, das ist etwas, was die Spieler auszeichnet. Wenn du es in Drucksituationen immer wieder schaffst zurückzukommen, deinen Mann stehst und stets Leistung bringst, sodass die Leute sagen, „Okay, jetzt hat er es wieder bewiesen" oder „Jetzt hat er gerade eine schlechte Phase, aber er muss wieder zurückkommen", sind das die Dinge, die große Spieler auszeichnen. Genau die sind es dann, die für mehrere Jahre auf höchstem Niveau spielen.

David Kadel: Bei all der Reizüberflutung um uns herum. Du machst ja ständig dein Handy an, bist ständig präsent. Früher haben unsere Großeltern gesagt: In der Ruhe liegt die Kraft. Wie wichtig ist Ruhe für dich?

Davie Selke: Sehr, sehr wichtig, weil es einfach der Gegenpol zu dieser ganzen Hektik, dem ganzen Stress im Stadion, dem ganze Medienrummel ist. Wenn ich mit meinem Hund Carlos spazieren gehe, dann ist es ganz leise, und den Tag davor hat man vor 60.000 Zuschauern gespielt. Es ist das, was man sich auch bewusst nehmen muss, denn wenn man ständig unter Strom steht, geht man irgendwann kaputt. Ich lasse mein Handy in letzter Zeit auch mehr und mehr in Ruhe, weil es mich zu sehr ablenkt.

David Kadel: Wo tankst du am meisten auf?

Davie Selke: Mein wichtigster Halt neben dem Glauben ist meine Familie. Ich bin ein absoluter Familienmensch und verbringe meine freie Zeit am liebsten mit meiner Family. Hier kann ich am besten auftanken und erst durch ihren ständigen Support konnte ich so weit kommen.

David Kadel: Was wirst du Gott fragen, wenn du eines Tages vor der Himmelstür stehst und Gott sagt: „So, hier bin ich, jetzt darfst du fragen"? Was wäre das Erste, was dir spontan einfällt?

Davie Selke: ‹lacht› War's arg schlimm?

David Kadel: Das ist jetzt wirklich philosophisch, oder? War's arg schlimm? Mit uns Menschen, oder?

Davie Selke: Ja, mit uns Menschen. Ja, mit mir.

David Kadel: Wow, krass. Du bist ein Empathiker. Du kannst dich wirklich einfühlen.

Davie Selke: Ja, man muss ja realistisch bleiben. Man ist Mensch. Man begeht viele Fehler, man macht nicht alles richtig, und dann würde ich fragen, war's arg schlimm. Ich hoffe er sagt: „Nee, war okay".

Davie & Carlos

Davie Selke
FACTSHEET

VEREINE	FV Weinstadt	SV Fellbach
	TSV Schmieden	FSV Waiblingen
	Stuttgarter Kicker	VfB Stuttgart
	1.FC Normannia Gmünd	TSG 1899 Hoffenheim
	SV Werder Bremen	RB Leipzig
	Hertha BSC Berlin	
LÄNDERSPIELE	9 Tore in 15 U21-Spielen für Deutschland	
GEBURTSTAG	20.01.95	
GEBURTSORT	Schorndorf	
BESONDERHEIT	U19 Europameister 2014	
	Silber-Medaille Olympische Spiele 2016	
	U21 Europameister 2017	

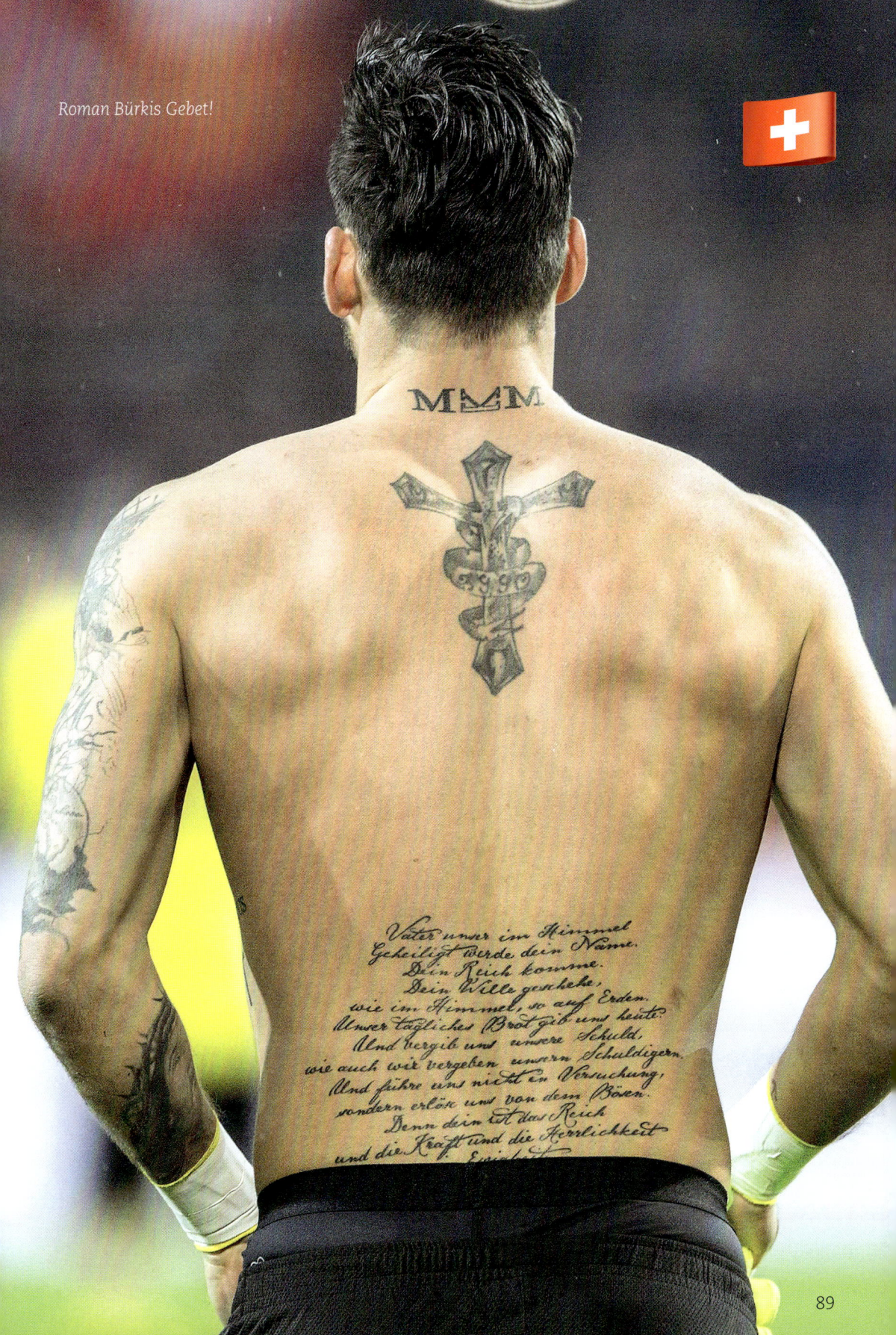

James Rodríguez
Cafetero Fantastico

FC BAYERN MÜNCHEN

„Jamääääääääääässssss!", brüllt der Reporter im Estadio Maracana von Rio de Janeiro hemmungslos in sein Mikrofon. „Goooooool magnifico para los Cafeteros!" Danach umarmt er tanzend die komplette Pressetribüne und nimmt Glückwünsche der Kollegen entgegen, um ein seufzendes „oh mi dios" („Oh mein Gott") als Ausrufezeichen hinter seinen Gefühlsausbruch zu schieben. James Rodríguez hat im WM-Achtelfinale gerade das schönste Tor der Fußball-WM 2014 geschossen. Okay, das schönste direkt nach Mario Götze, aber dafür einen nicht nachzuahmenden akrobatischen Drehschuss, aus dem Stand in den Winkel – zum 1:0 gegen Uruguay. Wenige Tage später ist Deutschland Weltmeister und Kolumbien bitter an Brasilien gescheitert. Doch der Name James David Rodríguez Rubio hat sich über Nacht tief in das Gedächtnis der Fußballfans und Manager der Top-Klubs eingebrannt. Mit sechs Toren wird James Torschützenkönig der WM und darf bald darauf für die Königlichen von Real Madrid auflaufen.

Einige Jahre später auf Schalke: „Wooow! Hübscher Kerl!" Meine Frau Helena, die wahre Fußball-Expertin von uns, sieht natürlich sofort, dass der Junge nicht nur kicken kann, als wir zusammen seinen ersten Gala-Auftritt auf Schalke verfolgen. Denn inzwischen darf sich der FC Bayern über „das Juwel", wie er in Kolumbien genannt wird, freuen. Naldo, Fährmann und Co fragen (so die Legende) direkt nach Schlusspfiff beim Mannschafts-Doc nach Tabletten gegen Schwindel, so durcheinandergewirbelt wurden sie an diesem denkwürdigen Abend von Hurrikan James. Ein niemals in den Griff zu kriegender Brummkreisel, der die Schalker an diesem Abend mit zwei Assists und Traumtor im Alleingang besiegt und vom kicker mit glatter 1 zum „Mann des Spiels" gekürt wird. Auf der Suche nach dem Star des Abends werden die Reporter jedoch nicht so schnell fündig, denn James, in Kolumbien der Megastar schlechthin, ist tatsächlich scheu. Vielleicht hätten sie an diesem Abend in der Kapelle der Schalke-Arena suchen sollen (die gibt es wirklich!), um ihn nach seinen Stärken zu befragen, denn James findet man tatsächlich regelmäßig in den schönsten Kirchen, wo er „bewusst die Stille und die Nähe zu Gott" sucht. So beschreibt James Rodríguez seine Stärke, wenn er von Reportern nach seinem Erfolgsgeheimnis und seiner Abgebrühtheit vor dem Tor gefragt wird. Dass dieser „Knipsinho" an Gott glaubt, weiß in Kolumbien jedes Kind, denn man verehrt James dort nicht nur wegen seiner wichtigen Tore, sondern vor allem wegen seiner Bodenständigkeit und seines offenen Bekenntnisses zum Christentum. Während seine linke Wade ein Porträt von Jesus schmückt, hat sich James entschieden seinen Bizeps sprechen zu lassen: „Cuando una persona inclina la cabeza ante Dios, Dios se la corona". „Wenn du dich vor Gott verneigst, krönt er dich" – ein Vers aus dem ersten Petrusbrief.

Als ich hörte, dass James zu Bayern kommen würde, rief ich David Alaba an, um mir ein besseres Bild zu machen von einem, der als einer der besten 10er der Welt bekannt ist, aber mich viel mehr als Mensch interessierte.

Falcao und James ballern Kolumbien zur WM 2018

David verriet mir, dass James beinahe schüchtern daherkommt, wenn man ihn erlebt. Gar nicht wie ein Weltstar, eher der ganz normale Junge von nebenan. Doch bei seinem Lieblings-Thema „Jesus" blüht er regelrecht auf und kann sich stundenlang mit Kollegen darüber unterhalten, wie wertvoll für ihn seine persönliche Beziehung zu Gott ist, die er vor einigen Jahren entdeckt hat. Alaba schwärmt von seinem Mitspieler – interessant, dass er kein Wort über das Sportliche verliert, sondern ihn als „fantastischen Menschen mit großem Charakter" beschreibt. Ein Kollege aus Madrider Zeiten staunte damals, „dass James in seiner Sporttasche immer eine Bibel dabeihat".

Klar kann man darüber staunen, weil man von einem Fußball-Helden, auf den an jeder Ecke Reporter und die hübschesten Frauen lauern, nicht erwartet, dass er sich lieber mit dem Buch der Bücher als mit Topmodels auf Instagram beschäftigt. Aber James ist eben anders. „Ein Glückspilz und von Gott gesegnet", wie seine Mutter Pilar immer betont: „Dass mein Sohn es nach ganz oben geschafft hat, ist alleine Gottes Geschenk. Dafür werden wir immer

dankbar sein und es nicht für selbstverständlich nehmen, denn viele Talente aus Kolumbien schaffen es nicht nach oben." Während die blonde Löwenmähne und Jugend-Idol Carlos Valderrama noch einen obendrauf setzt: „James ist der geniale Spielmacher und Torjäger zugleich, den wir in Kolumbien immer gesucht haben. Er hat absolut das Zeug dazu, vielleicht einer der besten Spieler der Welt zu werden."

Auch privat hat „James Bond jr.", wie ihn seine Eltern manchmal nennen, den großen Wurf gelandet und schon mit 19 Jahren Daniela, die Schwester seines Nationalmannschaftskollegen David Ospina geheiratet. Tochter Salomé rundet das private Glück ab, sodass James kürzlich mit dem Töchterchen im Arm twitterte: „Ich bin ein Sohn Gottes. Vater, du bist größer als das All, ich glaube an dich!"

Als James noch in Argentinien bei Atletico Banfield kickte und Rekord um Rekord einstellte (mit 17 Jahren jüngster Torschütze in der Argentinischen Liga), war er als „der kleine Schüchterne" bekannt, der sogar stotterte und trotz der frühen Erfolge immer wieder darüber nachdachte, seine Karriere abzubrechen, um endlich nach Hause zu dürfen. In sehr frühen Interviews bekennt James, wie er unter Heimweh litt und immer wieder alleine in seiner kleinen Banfield-Bude zu Gott betete, „dass er ihm Kraft gebe für all die Aufgaben, die noch auf ihn warteten". Sein Nationaltrainer, der legendäre „Profesore" José Pekerman, schwärmte damals über seinen Rohdiamanten: „Wie kann man in so jungem Alter schon so genial sein und dazu noch so ein großes Herz und einen tiefen Glauben haben?" Coach Pekerman geht heute einen Schritt weiter: „James kann einer der besten Spieler der Weltmeisterschaft in Russland werden!" Als Pekerman seinem James die heiß begehrte „10" gibt, ahnt er, dass Rodríguez

Kolumbiens neuer Star werden würde: „El Pibe Nueva", wie er in Erinnerung an Kolumbiens Legende Carlos Valderrama („El Pibe" – „The Kid") genannt wird. „Als Kind habe ich Valderrama geliebt und wollte immer so spielen wie er. Carlos war mein absoluter Held, und heute bin ich total stolz, seine ‚10' tragen zu dürfen!"

Eigentlich sollte der andere Nationalheld, Radamel Falcao, Kolumbiens Star der WM 2014 werden. Doch durch die Verletzung des genialen Stürmers, der in der WM-Quali sagenhafte 9 Tore gegen Argentinien, Chile und Uruguay erzielt hatte, ging plötzlich der Stern des Jungen aus Cúcuta auf. Beide spielten übrigens zusammen für den FC Porto und mischten als „Duo Infernale" die Euro League 2011 auf, um ihren ersten gemeinsamen Titel zu gewinnen.

Auch der Glaube an Gott verbindet die beiden Superstars der Cafeteros, wie Falcao beim Sieg der Euro League eindrücklich zeigte, als er mit James und Europa-Pokal die Ehrenrunde antritt und stolz sein göttliches Shirt präsentiert: „With Jesus you never walk alone".

Wenn in Russland nun beide fit sind und als geballte Himmelsstürmer auf die Abwehr-Reihen losgelassen werden, hilft wohl nur beten. So viel geniale Sturmgewalt hat allerhöchstens noch Brasilien mit Neymar und Gabriel Jesus zu bieten. Im letzten Qualifikationsspiel in Peru gelingt der WM-Coup durch ein geniales Zusammenspiel der beiden Helden: „Pass Falcao – Tor James Rodríguez". Während Chile ausschied und Argentinien mit Ach und Krach dank Lionel Messi das Russland-2018-Ticket buchte, kommt mit Kolumbien eine eindrucksvolle Truppe daher, die das bittere Ausscheiden der letzten WM gegen Gastgeber Brasilien nicht vergessen und noch lange nicht verdaut hat. Die Cafeteros haben Durst. Sie wollen aus dem „World-Cup" trinken und

wissen, dass es möglich ist. Die goldene Generation, in den 90ern gefördert durch ein nationales Fußballprogramm in Kolumbien, ist längst erwachsen geworden. James wirkt entschlossen, bleibt aber auch nach seinen Gala-Auftritten mit dem FC Bayern auf dem Boden der Tatsachen: „Wir sind auf einem sehr guten Weg und glauben fest daran, dass wir diesmal noch weiter kommen können. Wir haben große Träume, aber wir brauchen auch Demut, Glauben und diesen absoluten Siegeswillen!" Fans des kleinen Genies dürfen sich auf die WM-Auftritte freuen. Denn während er bei den Bayern und Heynckes genauso am Rotieren ist wie Thomas Müller oder Thiago, werden wir ihn in Russland immer die vollen 90 Minuten in all seiner Genialität erleben. Vielleicht wieder als Gewinner des goldenen Schuhs und vielleicht auch wieder göttlich twitternd, wie damals in Brasilien, als sich der frischgebackene WM-Torschützenkönig zu Wort meldete:

Heuschrecken-Bizeps!

fantastischen ‚Cafeteros Fans‘, deren Unterstützung uns enorm viel bedeutet!"

Wenn nun also im WM-Finale von Moskau Deutschland auf Kolumbien treffen sollte und mit Thomas Müller und James Bond Jr. die beiden Torschützenkönige der letzten beiden Weltmeisterschaften aufeinander, dann werden wir einen Tor-garantierten Leckerbissen erleben: würzig stark im Abgang, wie kolumbianischer Kaffee und Gaumen-streichelnd wie eine bayerische Weißwurst mit süßem Senf! Ein kräftiges Caramba und Pfüadi auf diesen göttlich bayerischen Kolumbianer!

„Als Allererstes möchte ich Gott danken, dass er mir Kraft gegeben hat, diesen Preis zu gewinnen. Und ich danke meinen starken Mannschaftskameraden, ohne die es nicht möglich gewesen wäre, und natürlich unseren

James David Rodríguez Rubio
FACTSHEET

VEREINE	FC Envigado
	Club Atletico Banfield
	FC Porto
	AS Monaco
	Real Madrid
	FC Bayern
LÄNDERSPIELE	59 für Kolumbien
GEBURTSTAG	12.07.91
GEBURTSORT	Tolima (Uruguay)
BESONDERHEIT	Torschützenkönig WM 2014
	Euro League Sieger mit FC Porto 2011

Bayerns neuer Zauberkünstler

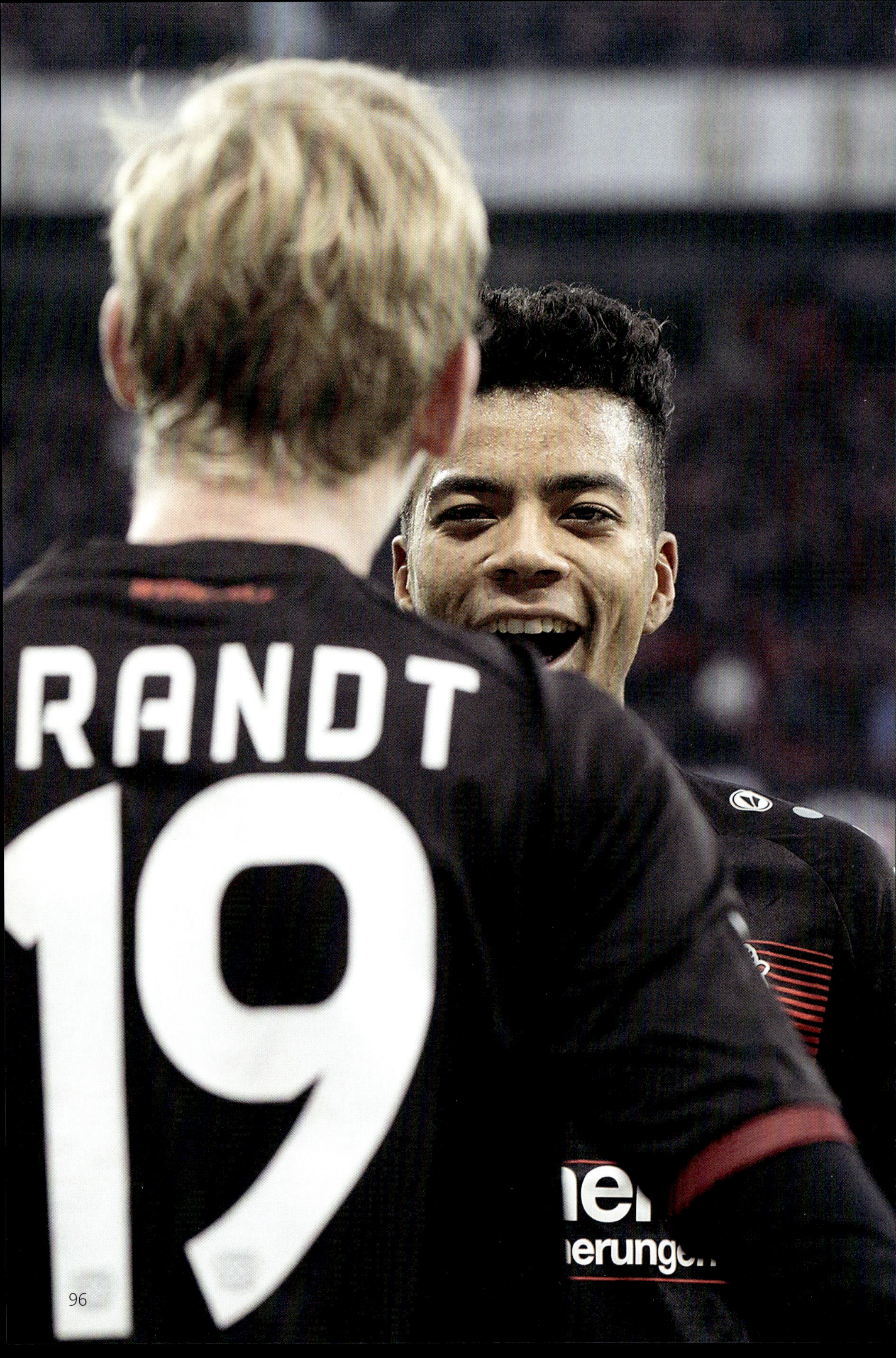
RANDT
19

Benny Henrichs
Der Außenminister

BAYER 04 LEVERKUSEN

Nach Philipp Lahms Rücktritt ist Henrichs der Benjamin unter Jogi Löws Neuentdeckungen. Frech, sauschnell und mit gutem Auge für Präzisionsflanken aus vollem Lauf. Für mich ist Benny der neue „Deutsche Außenminister", im Duell mit Joshua Kimmich. Bemerkenswert: Mit Gerald Asamoah, Thilo Kehrer, Lewis Biade und anderen kickenden Kollegen, besucht Benny einen Bibelkreis für Profis aus NRW und „hashtagt" regelmäßig seine Lieblingspsalme. Auf unser Assoziations-Spiel hatte Benny richtig Lust und zeigt uns hier im Buch exklusiv seine neue „Testimony-Card" der Nationalmannschaft.

Gebet – ich bete täglich zu Gott. Er gibt mir Kraft für die zu bewältigenden Aufgaben, und ich weiß, dass er stets bei mir ist. Was ich in jedem Gebet ganz wichtig finde, ist, mich bei ihm zu bedanken!

Berühmt – durch meine Berufung stehe ich viel mehr im Mittelpunkt als früher. Am Anfang war es ziemlich ungewohnt und neu für mich, dass Leute mich auf der Straße erkannt und nach Selfies und Autogrammen gefragt haben. Heute genieße ich es aber immer noch.

Musik – ich höre Hip-Hop, afrikanische und französische Musik. Vor allem beim Krafttraining genießen Jona (Jonathan Tah) und ich die afrikanische Musik und unsere Pause zwischen den Übungen sieht dann eher so aus, dass wir tanzen ‹lacht!›

Alkohol – in meinem ganzen Leben habe ich noch nie Alkohol getrunken oder geraucht. Es reizt mich nicht und ich bin eh ein lockerer Typ, der keinen Alkohol braucht, um 'ne geile Party machen zu können.

Peinlich – auf Schalke wollte ich eine Flanke reinschlagen und hab den Ball dann kurz vorher noch mit dem Standbein berührt, sodass er dadurch etwas nach vorne gerollt ist. Dann habe ich das größte Luftloch meines Lebens geschlagen. ‹lacht – eher: grölt!›

Gänsehaut – Wembley! In London, im Stadion von Tottenham durfte ich das bisher größte Spiel meiner Karriere erleben! Als die Hymne kam und Tausende von Menschen ihre Handy-Blitze anknipsten, das war Wahnsinn!

Jesus – Jesus Christus alleine kann ich gar nicht genug danken für das, was er in meinem Leben tut. Er ist am Kreuz für unsere Sünden gestorben und es ist faszinierend, was für eine Kraft man durch die Nähe von Jesus bekommt.

Deutschland – mein Heimatland, wo ich geboren und groß geworden bin! Ich bin aber froh, dass ich mit Ghana auch eine zweite Heimat in mir trage.

Jogis Nummer – für mich erst eine unbekannte beim ersten Anruf. Als er sich dann aber auf der anderen Seite meldete und ich seine Stimme erkannte, war ich gerade beim Essen mit Freunden und es war unbeschreiblich. Der Bundestrainer ruft dich an! Ein Traum ist mit

Im Duell mit Arjen Robben

dem Anruf in Erfüllung gegangen. Zugegebenermaßen war ich sehr nervös beim Telefonat. Inzwischen hat sich die Nervosität gelegt, wir haben den Confed-Cup für Deutschland gewonnen und ich bin stolz, ein Teil dieser mega Truppe zu sein.

Psalmen – meine Favoriten der Bibel-Bücher! Mein Lieblings-Vers steht in Psalm 27,14: „Harre (warte) auf den Herrn, dein Herz sei stark, sei mutig und harre auf den Herrn!"

Best friend – außerhalb vom Fußball habe ich meine Clique mit 6 bis 7 Jungs und wir chillen zusammen, sooft es geht. Durch meinen besten Freund Erwin habe ich die Jungs kennengelernt und bin sehr dankbar, dass sie heute fester Teil meines Lebens sind.

Kirche – normalerweise besuche ich eine Gemeinde in Bonn, aber als ich jetzt im Sommerurlaub in Ghana war, bin ich in die Kirche von Pastor Otabil gegangen. Dort habe ich einen sehr inspirierenden Gottesdienst erlebt, voller Energie. Es war für mich etwas komplett Neues und ich habe richtig viel Kraft draus gezogen.

Trikottausch – ich habe inzwischen mit vielen Spielern Trikots getauscht, aber das größte Highlight war eindeutig der Tausch mit meinem Vorbild David Alaba. Natürlich hängt sein Trikot gerahmt in meiner Wohnung. Seitdem ich Außenverteidiger bin, habe ich versucht, viel von ihm zu lernen und abzugucken, weil er einfach ein überragender Spieler ist!

Träume – ich muss wirklich sagen, dass ich meinen Traum gerade absolut lebe. Jedes Wochenende darf ich vor Zigtausenden von Menschen spielen und das tun, was ich am liebsten mache, Fußball spielen!

Worship – ich höre morgens meistens Michael W. Smith und genieße es, einfach mit dieser göttlichen Musik zum Training fahren zu dürfen. Meinen Tag beginne ich dann bewusst mit Liedern, die von Gottes Liebe und von Jesus handeln.

TV Serie – ich bin wirklich kein Junkie, der nur vor der Glotze sitzt. Meine absolute Lieblingsserie war Prison Break, heftigst spannend.

Bibelkreis mit Thilo Kehrer, Peter Neuer, Lewis Biade & Co.

Confed Cup Sieger mit der Deutschen Nationalmannschaft 2017

Ich lebe meinen Traum!

Bundesliga Debüt 20.09.2015

Nationalmannschaft Debüt 11.11.2016

Ich lebe meinen Traum! Das ist der Satz, der die Daten oben zusammenfasst. Auch wenn meine Karriere ziemlich holprig anfing. Unter Roger Schmidt hatte ich zuerst einen schweren Stand und habe nach meinem Debüt bei den Profis fast gar keine Rolle mehr gespielt. Eine Zeit lang dachte ich sogar über eine Leihe nach, obwohl ich seit meiner Kindheit bei Bayer 04 spiele und diesen genialen Club wie eine große Familie sehe. In diesen schwierigen Zeiten waren meine Freunde und meine Familie immer für mich da und unterstützten mich enorm, wenn ich mal den Kopf hängen ließ. Aber im Wintertrainingslager wurde ich dann vom offensiven Mittelfeldspieler zum Außenverteidiger umgeschult. Dafür bin ich meinem ehemaligen Coach Roger sehr dankbar, denn heute kann ich mich längst als Außenverteidiger sehen und damit sogar als Nationalspieler mein Land repräsentieren. Für Deutschland zu spielen und direkt im ersten Turnier schon den Confed-Cup zu gewinnen, macht mich unglaublich stolz und vor allem dankbar.

Wie schnell es dann auf einmal nach oben gehen kann, ist schon Wahnsinn und ein unbeschreiblich geniales Gefühl. Doch auf der anderen Seite ist es auch eine Riesen-Herausforderung, sich immer wieder aufs Neue mit den Besten der Liga zu messen. Dafür braucht man viel Kraft und Selbstbewusstsein und einen starken Glauben. Ich denke, Gott stellt uns manchmal auf die Probe, wie bei Abraham, wo wir lernen können, was echtes Gottvertrauen bedeutet (1. Mose 22). Denn solange wir auf Gott vertrauen und damit rechnen, dass er Gutes für uns im Sinn hat, wird uns auch nichts Schlimmes widerfahren. Tag für Tag erweitert Gott meinen Horizont, und ich bin meiner Mutter Phyllis für immer dankbar dafür, dass sie mich schon früh inspiriert hat, an Gottes Liebe festzuhalten und ihm zu vertrauen. Als ich mit sieben Jahren angefangen habe, für Bayer 04 Fußball zu spielen, sagte sie mir vor jedem Spiel: „Benny, mit Gottes Hilfe schaffst Du das!", und heute, einige Jahre später, schaue ich zurück und sage dankbar: Sie hatte recht – mit Gottes Hilfe habe ich es wirklich geschafft, meinen Traum zu erfüllen!

God bless You ♥ Euer

Benny Henrichs

#thankful   #TheLordIsGood

Bennys besondere Autogrammkarte

Völler – das erste Mal sah ich Rudi Völler im Jugendfußball-Zentrum am Kurtekotten. Wir sind damals mit unserer U8-Mannschaft nach einem Spiel an ihm vorbeigelaufen und haben ihm alle die Hand geschüttelt. In der Kabine ging es dann nur darum, dass wir die Hand nie wieder waschen!

Ghana – ich bin froh, dass ich den ghanaischen Teil in mir trage. Ich war im letzten Sommer dort und habe Land und Leute total genossen! Es ist wunderbar in Ghana, ich liebe dieses Land!

Hotspur – das (bisher) größte Spiel meiner Karriere habe ich gegen Tottenham Hotspur gemacht. Ich hatte während eines Fußballspiels sicher noch nie so viel Spaß gehabt! Dieser 1:0 Auswärtssieg in der Champions League war definitiv eines der größten Ereignisse meines Lebens!

Designerklamotten – mir ist es eigentlich relativ egal, welche Marke auf einem Shirt steht. Ich achte eher darauf, wie die Sachen aussehen, und kaufe sie dann, solange der Preis es zulässt.

Neymar – ein echtes Phänomen! Ihm beim Spielen zuzuschauen ist einfach nur geil! Was er auf dem Platz veranstaltet, ist unfassbar. Es sieht alles so einfach aus, aber jeder, der selbst Fußball spielt, weiß, dass es alles andere als einfach ist. Super, dass er auch an Jesus glaubt.

Falsche Freunde – es ist für mich enorm wichtig, die richtigen Jungs um mich zu haben! Ich habe nun schon ziemlich lange den gleichen Freundeskreis und wir schätzen uns alle sehr.

Vergebung – für mich eines der wichtigsten Dinge überhaupt. Jesus ist am Kreuz gestorben, um uns unsere Fehler zu verzeihen und uns zu vergeben, wenn wir scheitern. Dass er an unserer Stelle stirbt, ist Beweis genug für seine große Liebe für uns.

Klopp – ich kenne ihn leider noch nicht persönlich, aber ich denke, er ist ein super Trainer und bringt seine Spieler enorm weiter. Vor allem mit jungen Spielern weiß er sehr gut umzugehen.

Willenlos! Mit Kimmich und Goretzka

Benjamin Henrichs
FACTSHEET

VEREINE	SpVg Porz-Gremberghoven seit 2004 bei Bayer 04 Leverkusen
LÄNDERSPIELE	Kapitän der U19-Nationalmannschaft 4 U21-Spiele für Deutschland 3 Länderspiele A-Nationalmannschaft
GEBURTSTAG	23.02.97
GEBURTSORT	Bocholt (tief im Westen)
BESONDERHEIT	Gewinner der Fritz-Walter-Medaille für: Bester Nachwuchs-Profi 2016 Confed-Cup-Sieger mit der deutschen Nationalmannschaft 2017 7 Champions League Spiele mit Bayer 04 Leverkusen

Sandro Schwarz
der Held der Stadt

FSV MAINZ 05

Komisches Gefühl einen seiner besten Freunde zu interviewen, denn man meint schon so vieles voneinander zu kennen. Aber Sandro hat mich tatsächlich überrascht, mit ganz neuen Einsichten und Erkenntnissen, weil er akribisch wie kein anderer arbeitet und daran forscht, was seine Spieler noch besser macht, als Fußballer, aber vor allem auch als Menschen. Ich bewundere Sandro dafür, wie sehr er, trotz des schnellen Erfolgs, „er selbst" geblieben ist: Ungeheuer empathisch, offen gegenüber jedem Menschen, für jeden Gag zu haben und gleichzeitig demütig. 1000 Likes für das Meenzer Urgestein Sandro Schwarz!

David Kadel: Ein echter Meeenzer Bub wird Trainer bei Mainz 05, Wahnsinn! Wie würdest du deine Mainzer Kindheit bezeichnen?

Sandro Schwarz: Ich habe meine Kindheit sehr genossen, auch wenn nicht immer alles so einfach war. Meine Eltern lebten getrennt und ich bin bei meiner Mama aufgewachsen. Aber auch mein Vater hat sich um mich gekümmert und mich für die gemeinsamen Wochenenden bei ihr abgeholt. Ich bin sehr stolz darauf, dass ich trotz dieser Trennungssituation auch heute noch sehr guten Kontakt zu meinem Vater habe. Meine Mutter hat mich sehr, sehr liebevoll erzogen und es gab, obwohl sie nicht sehr streng war, klare Regeln und die respektiere ich bis heute – bei beiden Elternteilen. Da ist man immer noch das Kind. Das wird einem besonders bewusst, wenn man selbst Vater geworden ist. Früher haben die Eltern oft gesagt: „Du bleibst immer mein Kind." Da rollt man als Kind schon mal mit den Augen und denkt: Ich bin doch jetzt schon selber groß. Aber wenn man dann plötzlich selbst Kinder hat, sieht man, wie man eben immer Vater oder Mutter bleibt, egal wie alt die Kinder werden. Also, ich wusste immer, wo meine Grenzen sind.

David Kadel: Hast du mal als Kind für etwas richtig Ärger bekommen?

Sandro Schwarz: Ja, volles Rohr. Nicht als Kind aber als Jugendlicher. Jeden zweiten Samstag war Disco in der Tanzschule Senzer in Mainz. Das waren so die Anfänge, als ich mit meinen Kumpels rausgehen durfte. Die waren aber alle etwas älter als ich. Ich hab mich also mit 14 Jahren gefreut wie ein Schneekönig und hab mich ordentlich rausgeputzt. Wir sind immer mit dem Bus gefahren, von Bischofsheim nach Mainz ca. 20 Minuten. Meine Mutter wollte natürlich wissen, wann ich nach Hause komme. „Wie immer mit dem letzten Bus", hab ich ihr gesagt. Habe mir aber gleichzeitig gedacht: Na ja, Mama kommt sicher heute auch erst sehr spät nachts von ihrer Einladung nach Hause, da nehme ich mal nicht den letzten Bus. Die Disco ging bis 23 Uhr und die älteren Kumpels sind danach immer noch weitergezogen. Also hab ich mir gedacht: Heute ergreife ich die Gelegenheit und ziehe mit den anderen noch weiter um die Häuser. Das Ende vom Lied war dann, dass die ganze Veranstaltung doch extrem spät wurde. Als ich zu Hause die Tür aufschloss, war es in der Wohnung komplett still. Ich dachte schon: Geil, die Wohnung ist dunkel, Mama ist noch nicht zu Hause. Ich also in die Wohnung. Kaum bin ich drin, geht das Licht an und meine Mutter steht vor mir, und ich hab einen Anschiss bekommen, wie noch nie in meinem Leben. Und mir wurde klar, dass es doch nicht so 'ne coole Aktion war, so spät nach Hause zu kommen. Dieses Gefühl, mich so erschreckt zu haben, als meine Mutter da plötzlich vor mir stand, werde ich nie vergessen!

David Kadel: Dein erstes Mal als Kind am Bruchweg. Kannst du dich noch erinnern?

Sandro Schwarz: Das war Anfang der 90er. Ich weiß nicht mehr genau, welches Spiel, aber ich weiß noch, ich stand immer auf der Gegengeraden – damals mit meinen Schulkameraden.

David Kadel: Was war das für ein Gefühl für einen 12-Jährigen, der die große Fußballwelt im kleinen Mainz entdeckt?

Sandro Schwarz: Ich war ja schon immer fußballbesessen und fußballbegeistert, schon als

kleiner Junge. Als wir dann die Profimannschaften gesehen haben, damals war das die zweite Liga und das Stadion war nur halb voll, da hast du trotzdem immer das Gefühl gehabt, wir 05er sind die Allergrößten. Man hat immer dieses Prickeln gehabt, wenn man die letzten Meter zum Bruchweg raufgelaufen ist, um zuzusehen, wie die da unten Fußball spielen – wie die mit aller Leidenschaft rumkicken. Wir standen auf der Gegengeraden, haben getrommelt und sinnlose Lieder geschmettert und hatten einen Riesenspaß dabei, unsere Jungs auf dem Platz anzufeuern. Im Hinterkopf immer den Gedanken, vielleicht irgendwann mal die Möglichkeit zu haben, da unten zu stehen, vor Zuschauern, wenn man mal älter ist.

David Kadel: Und den Traum hast du dir ja dann auch erfüllt. Zuerst Spieler und jetzt sogar Trainer von Mainz 05. Wie stolz macht dich diese Karriere vom kleinen Mainzer Fan-Bub zum Coach?

Sandro Schwarz: In meiner Heimatstadt Trainer dieses großartigen Klubs sein zu können, erfüllt mich mit ungeheurem Stolz und großer Dankbarkeit. Nach den ersten wichtigen Siegen zu Hause gegen Leverkusen, Hertha und den HSV hat sich das natürlich gleich noch besser angefühlt. ‹lacht› Wir spüren alle, dass hier etwas Neues bei Mainz 05 entsteht, und davon ein Teil sein zu dürfen, das macht mich extrem glücklich, mehr geht nicht!

David Kadel: Wer waren die unvergessenen Spieler damals, deine Legenden?

Sandro Schwarz: Norbert Hönnscheidt, Stephan Kuhnert, Guido Schäfer, Michael Müller (genannt Schorsch Müller), Michael Schumacher. Also, da waren schon ein paar.

David Kadel: Wir machen mal einen Sprung. Stichwort „erwachsen". Hattest du ein bestimmtes Erlebnis, bei dem du wusstest, so Kindheit game over, irgendwie bin ich jetzt Erwachsen?

Sandro Schwarz: Also erst mal, so ein bisschen Kind zu sein, finde ich immer wichtig. Wenn man weiß, dass da noch Eltern und Großeltern sind, fühlt man sich immer noch als Kind und das gehört schon auch dazu. Ich glaube, das lernt man auch zu schätzen, wenn man eigene Kinder hat. Also, so geht es mir jetzt mit meinem Sohn und meiner Tochter, die dürfen ewig Kinder sein. Zum Erwachsensein fällt mir besonders die Situation ein, wie es ist, wenn man in seinen eigenen vier Wänden angekommen ist. Da wacht man auf und denkt: Ja, was esse ich den heute eigentlich? Ich glaube, wenn du auf eigenen Füßen stehst, dann fühlt sich das schon mehr wie Erwachsenendasein an, als

wenn du noch bei deinen Eltern wohnst. Es ist aber natürlich auch eine Entwicklung, die einen sehr bewusst und wach macht, das Leben mit all seinen unerfüllten Träumen aktiv in Angriff zu nehmen und es nicht zu verschlafen.

David Kadel: Mit meiner Frage nach dem Erwachsenwerden ziele ich auch ein bisschen darauf ab, dass der Fußball die Spieler recht früh erwachsen werden lässt, im Sinne von Druck. Der Spaß ist irgendwie vorbei, du musst jetzt abliefern. Wann hast du es das erste Mal empfunden, dass das im Fußball schon eine krasse Leistungsgeschichte ist?

Sandro Schwarz: Ohne Witz, ich war 12, 13 oder 14, irgend so was. Es war im Probetraining bei Eintracht Frankfurt. Das wissen die wenigsten Menschen, das weiß meine Mutter noch nicht einmal. Ich habe damals für Bischofsheim gespielt und mir wurde nachgesagt, ich wäre ein guter Kicker. Also, ab zur Eintracht, Probetraining absolvieren. Und da habe ich das erste Mal das Gefühl gehabt, boa, was ist denn hier eigentlich los? Hier sind jetzt die ganzen Kerle von Eintracht Frankfurt und ich komme mit meinen Klamotten von einem Amateurverein an. Da habe ich das erste Mal gemerkt, jetzt bist du in dieser einen Trainingseinheit gefordert, in diesem Probetraining – dieses Wort finde ich bis heute furchtbar – alles zu geben. Du bist so gefordert, weil sich damit entscheidet – so hat es sich damals angefühlt –, ob dein Traum in Erfüllung geht oder komplett in die Hose. Dann hätte ich halt weiter in Bischofsheim kicken müssen oder irgendwie andere Dinge veranstalten.

David Kadel: Warum findest du das bis heute furchtbar?

Sandro Schwarz: Ich finde, du kannst von so jungen Kerlen, 13, 14 Jahre alt, gar nicht erwarten, dass die in nur einer Trainingseinheit alles zeigen, was sie können. Weil ein Jugendlicher gar nicht weiß, was Leistung eigentlich bedeutet. Weil der bis dahin nur erlebt hat, aus Spaß und mit seinen Kumpels zu kicken. Und dann in einer Trainingseinheit komplett sein ganzes Leistungsvermögen abzuliefern, das geht gar nicht. So habe ich das empfunden. Deswegen hat das dann auch nicht geklappt und ich war enttäuscht. Ich hab gedacht: Die Bundesligaspiele samstagnachmittags passieren ohne dich. Der Traum ist vorbei. Und dann ging es weiter in Bischofsheim.

David Kadel: Wo du dann in aller Demut wieder den Spaß am Fußball erleben konntest, was ja für deine spätere Karriere die Basis war. Das Wort Demut ist ein Wort, das man eigentlich nicht mit Fußball verbinden würde. Was

würdest du sagen, welche Rolle spielt Demut heute im Fußball, um Erfolg zu haben?

Sandro Schwarz: Eine sehr große Rolle. Du hast momentan das Gefühl, dass es das Wort ist, das auf jeder Pressekonferenz immer wieder erwähnt wird: Demütig zu sein und bescheiden zu bleiben. Es ist wirklich wichtig, diese Dinge einfach vorzuleben, da es so vieles auf dieser Welt gibt, was einfach schrecklich ist. Es ist doch toll, dass wir einfach das genießen können, was wir haben, und mit einem Riesenspaß unsere Aufgaben angehen können – jeden Tag neu. Am Abend schaue ich mit der Zahnbürste in der Hand dann in den Spiegel und danke Gott, dass ich glücklich sein darf und für mein wundervolles Leben. Das ist für mich Demut, das bewusst zu schätzen, was man hat und nicht schon gleich wieder nach dem zu greifen, was man noch erreichen könnte.

David Kadel: Also auch ein Stück Dankbarkeit. Hast du das Gefühl, dass es für so junge Fußballer extrem schwer ist, demütig zu bleiben? Denn jedes Foto, das ein Fan will, jedes Autogramm, lässt sie doch immer denken, sie wären etwas Besonderes.

Sandro Schwarz: Es wird definitiv schwieriger, auf jeden Fall. Aber ich glaube, dass in dem Zusammenhang auch extrem wichtig ist, wie das Umfeld ist. Ich weiß gar nicht, ob ein Trainer das immer so vermitteln kann, weil er ja auch in einer anderen Rolle ist. Und er kann diese Demut letztendlich nur vorleben, indem er sich selbst nicht so wichtig nimmt und zeigt, dass auch er nur ein normaler Mensch ist. Und trotz allem braucht jeder einzelne Spieler dann auch Eltern und Geschwister, von denen er gesagt bekommt, er solle auf dem Teppich bleiben und das Leben schätzen, das er jetzt

Herzens-Coach zum Anfassen

hat. Da braucht man schon ab und zu auch mal eine Erinnerung von anderen. Das finde ich wichtig, weil man nur mit Demut ganz nach oben kommt.

David Kadel: Wie begegnest du den Spielern bezüglich Druck und der Angst zu scheitern?

Sandro Schwarz: Für mich ist extrem wichtig, dass die Jungs das Gefühl haben, wenn sie mit mir am Tisch sitzen, dass da nicht nur ein Trainer, sondern ein empathischer Mensch ist, mit dem sie komplett über alles reden können. Diese Bindung will ich immer wieder herstellen. Ich will den Spielern einfach mit einer großen Offenheit begegnen, ihnen sagen: „Freunde, jetzt arbeiten wir zusammen und haben eine Menge Spaß bei dem, was wir tun – mit allen Inhalten, als Mensch, aber auch als

Spieler. Wenn wir scheitern, dann scheitern wir zusammen. Fehler zu machen ist nicht schlimm, aber keinen Spaß dabei zu haben, das ist schlimm. Mit dieser Offenheit auf sie zuzugehen, das funktioniert aus meiner Erfahrung heraus ganz gut.

David Kadel: Der Spieler wird ja vom Trainer oft ein Stück weit miterzogen, motiviert, hoffentlich auch inspiriert. Was macht dich eigentlich stark? Du musst ja funktionieren. Wo bekommst du deine Stärke her?

Sandro Schwarz: Ich lese jeden Morgen, wenn ich aufstehe, einige Bibelzitate aus den Losungen. Aber vor allem macht mich meine Familie stark. Wenn ich nach Hause komme und die Kinder kommen mir entgegen, mit einem Riesenlächeln, das gibt so viel Energie, das ist

„Hey, vierter Mann, komm, wir tauschen die Jobs!"

unvorstellbar. Ich bin ja auch relativ spät Vater geworden. Ein ganz klarer Anker für mein Leben sind aber auch die Gespräche mit meinen Eltern. Und obwohl die Eltern immer das Allerbeste für einen wollen, ist es trotzdem so, dass man als ihr Kind immer das Gefühl hat, die Mutter oder der Vater wissen es wieder mal besser. Ein absoluter Klassiker. Aber mit dem Alter und der Erfahrung lerne ich jedes ehrliche und ermutigende Gespräch zu schätzen.

David Kadel: Also, die Familie als Rückhalt.

Sandro Schwarz: Auf jeden Fall, ja.

David Kadel: Zu den Losungen, kannst du ein bisschen erklären, was das ist, weil viele das gar nicht kennen.

Sandro Schwarz: Jedes Jahr erscheint ein Buch, in dem für jeden Tag des Kalenderjahres zwei Zitate aus der Bibel und ein Gebet oder Liedvers stehen. Dieses Buch schlage ich morgens auf – meistens vorm Zähneputzen – und dann wird darin gelesen. Das sind dann zwar nur zwei, drei Sätze, aber oft passen sie voll zu meiner Situation und gehen mir ins Herz. Ich wundere mich oft, dass ausgerechnet der aktuelle Text so zutrifft. Ich muss aber auch ganz ehrlich sagen, dass ich mich leider häufig dabei erwische, dass ich das aus dem Stress heraus nur überfliege. Und dann frage ich mich im Auto, was da jetzt überhaupt drinstand. Aber es gibt genauso Tage, da weiß ich den ganzen Tag über noch, was ich gelesen habe. Das ist dann super intensiv, weil das Zitat aus der Bibel so inspirierend war.

David Kadel: Ich habe dich damals in Mainz als sehr selbstbewussten Typen kennengelernt. Würdest du sagen, du ziehst deine innere Stärke auch ein Stück weit aus deinem Glauben?

Sandro Schwarz: Auf jeden Fall.

David Kadel: Wie bist du dazu gekommen? Wie hat es mit dem Glauben bei dir angefangen? Es gibt schließlich genügend Leute, die sagen: „Glaube, das ist etwas für alte Leute oder für Kinder."

Sandro Schwarz: Durch Freunde und auch zu 100 Prozent durch dich, David, und unseren 05er Bibelkreis damals. Ich war ja anfangs nicht beim Bibelkreis dabei, habe aber mit euch so viel intensive Zeit verbracht. Irgendwann hab ich mir gesagt, wenn die darauf abfahren, dann wärst du doch bescheuert, wenn du dir das nicht mal anhören würdest. Ich konnte schließlich sehen, dass der Glaube im Leben meiner Freunde etwas bewegt und sich ihre Persönlichkeit verändert hat. So bin ich damals dann dazu gekommen, quasi aus unserem Freundeskreis heraus. Und damit wurde mein Glaube an Jesus zu einer Art Anker, der mir half, wenn es mir nicht so gut ging. Er gibt mir echt Kraft. Ich bekomme ein warmes Gefühl in meinem Körper und weiß, es passt jemand auf mich auf. Das mit Gott hat damals plötzlich alles Sinn ergeben und ich habe mich seitdem im Glauben immer weiterentwickelt.

David Kadel: Viele Leute tun sich total schwer zu glauben. Ich habe immer wieder einmal Menschen getroffen, die gesagt haben, ich würde ja gerne mit Gott sprechen, aber ich weiß nicht, wie man betet. Wie redest du denn eigentlich mit Gott?

Sandro Schwarz: Das sind tägliche Gespräche. Zum Beispiel im Auto, wenn Musik läuft. Wenn da grad ein richtig schöner Song gespielt wird, sag ich zu Gott: „Hörst du auch gerade den Song, den ich höre?" ‹lacht laut› Es gibt aber auch coole Gespräche. Denn nicht immer ist es so, dass man nur dann das Gespräch sucht, wenn es einem schlecht geht. Oftmals ist es eher so ein kurzer freundlicher Small Talk zwischen uns, und es fühlt sich so an, als würde Gott neben mir im Auto sitzen.

David Kadel: Also auf Augenhöhe sozusagen.

Sandro Schwarz: Ja, absolut. Es ist nicht so, dass ich bete und sage, hoffentlich finde ich Gehör bei ihm. Das weniger, sondern es geht echt darum, dass ich während des Tages immer wieder so kurze und ehrliche Gespräche führe, als würde er jetzt gerade bei mir sitzen.

David Kadel: Du hast dir irgendwann mal die betenden Hände als Tattoo machen lassen – auf deinen Bauch, glaube ich. Wie bist du darauf gekommen?

Sandro Schwarz: Ja, war eine super Idee. ‹grinst› Ich wollte einfach etwas auf meinem Körper haben, das mich an Gott und den Glauben erinnert. Über die Körperstelle können wir uns Jahre später noch mal unterhalten. ‹lacht schallend› Das würde ich heute so nicht mehr machen. Es sollte etwas Christliches und Geniales sein, etwas, das ich persönlich mit dem Glauben verbinde. Und das waren dann für mich die betenden Hände von Albrecht Dürer.

David Kadel: Das verbindet dich auch mit deinem besten Freund Marco Rose (Trainer bei RB Salzburg). Er hat dasselbe Tattoo, oder?

Sandro Schwarz: Ja, aber Rosi hat mit dem Oberarm die bessere Körperstelle gewählt. Ich wollte halt mal wieder super cool sein.

David Kadel: War Rosi für dich ein Vorbild in Sachen Glauben und ein Ermutiger, dich darauf einzulassen? Gerade mit dem letzten

Punkt tun sich meiner Erfahrung nach manche Leute schwer und sagen: „Ja der Glaube ist schon eine coole Sache, aber ich tu mich schwer, mich darauf einzulassen."

Sandro Schwarz: Ich finde, wenn deine besten Freunde sich sehr ernsthaft über den Glauben an Gott unterhalten, dann hat das schon auch eine Wirkung auf dich. Und wenn du intelligent genug bist und dich fragst: „Was machen die da eigentlich?", dann gehst du mal mit und bist offen dafür. Rosi war auf jeden Fall auch ein erheblicher Auslöser, weshalb ich dann den Weg zu euch und unsere Bibel-Sessions gefunden habe.

David Kadel: Es waren wirklich zwei sehr intensive und inspirierende Jahre. Was war dabei dein Highlight? Etwas, was du so vielleicht vorher noch nicht gehört hattest? Denn oft genug saß man ja früher auch gelangweilt in einer Kirche. Kloppo hat mal zu mir gesagt: „Ich versuche ja immer mal in die Kirche zu gehen, aber nach 10 Minuten schlafe ich ein." Gut, dass er jetzt in Liverpool eine sehr lebendige Gemeinde gefunden hat. Was hast du so aus der Zeit damals mitgenommen?

Sandro Schwarz: Wir haben viel zusammengesessen und uns ausgetauscht. Ich fand es großartig, wie sich der Bibelkreis entwickelt hat. Ich fand besonders beeindruckend, wenn eine Person, die ich vielleicht erst zweimal in meinem Leben gesehen hatte, mit einer großen Offenheit über Dinge aus seinem Leben – über Alltagsdinge und auch über Probleme –, mit Tränen in den Augen sprach. Ich bekomme jetzt noch Gänsehaut, wenn ich daran denke, wie wir im Wohnzimmer gesessen und über Herzensdinge geredet haben. Nicht selten hatten wir Tränen in den Augen, weil wir einander

mit so einer Offenheit begegnet sind. Die Zettel, die wir damals ausgefüllt haben, die habe ich heute noch in meinem Büro. Das ist für mich heute noch ein Anker. Nicht nur das Stück Papier, sondern die Erinnerung daran, wie ich da mit meinen Jungs gesessen habe und wir mit einer großen Offenheit die persönlichsten Dinge besprochen haben, als würden wir uns ewig kennen. Auch gesungen haben wir damals in unserem Wohnzimmer in Gonsenheim, das macht man ja heutzutage gar nicht mehr.

David Kadel: Mittlerweile hast du Kinder. Wie wirst du das Thema Glaube an sie weitergeben? Hast du schon eine Kinderbibel im Haus?

Sandro Schwarz: Ja, wir haben sogar schon mehrere geschenkt bekommen – ein wirklich cooles Geschenk. Aber Glaube passiert bei Kindern nicht auf Knopfdruck, finde ich. Ich glaube, das wird bei ihnen ähnlich sein wie bei mir und meiner Frau. Wir sind allmählich dahin gekommen und haben dann irgendwann die Entscheidung getroffen, dass das mit Gottes Liebe etwas für uns ist und uns stärkt. So werden wir das bei unseren Kindern auch machen. Wir werden ihnen die Dinge über Glauben und Religion, die sie noch nicht wissen, erklären und sie einfach begleiten. Ich bin mir relativ sicher, dass sie sich dann auch öffnen werden, so wie Mama und Papa es gemacht haben und eine eigene Entscheidung treffen.

David Kadel: Wenn jetzt der Papa am Bett sitzt und die Tochter sagt: „Papa erzähl mir doch mal eine Geschichte." Was würdest du aus der Bibel zitieren? Welche Geschichte? Kannst du irgendeine auswendig?

Sandro Schwarz: Jedes Mal, wenn ich die Kleine ins Bett bringe, dann beten wir das Vaterunser.

Mit Kult-Keeper Rene Adler

Wenn sich zwei Italos treffen – „Ciao Ancelotti"

Das ist unser Nachtgebet. Bei meinem Sohn ist der Klassiker immer die Weihnachtsgeschichte. Die hören die Kinder besonders gerne. Die ist auf jeden Fall auf dem Programm.

David Kadel: Ich beobachte ein Phänomen, Sandro, in unserer Gesellschaft. Wenn ich in Aachen in die Kirche gehe, dann bin ich mit 49 Jahren oft der Jüngste. Da sind nur ältere Leute. Wenn ich aber zu den Fußballern gehe, ob BVB, Schalke oder Leverkusen und würde zu den Jungs sagen, zieht mal alle euer Trikot aus, dann hätte jeder dritte irgendein Kreuz oder einen Vers aus der Bibel als Tattoo. Wie erklärst du dir, dass in der Gesellschaft immer

weniger Interesse ist, aber gerade in einer so oberflächlichen Welt wie dem Fußball das Interesse am Glauben enorm wächst?

Sandro Schwarz: Wahrscheinlich haben wir Privilegierten im Fußball alle das Gefühl, dass es uns extrem gut geht und dass man dafür eine gewisse Dankbarkeit gegenüber Gott verspürt. Die meisten im Fußball sind sich einig, da muss es irgendetwas Höheres geben und am Ende teilen sehr viele eben diesen christlichen Glauben. Wie du sagst, in der Kirche sind viele ältere Leute und deshalb ist es für junge Kerle erst mal total uncool, in die Kirche zu gehen. Aber so viele Fußballer, die ich kenne, haben mit der Zeit einen festen Glauben an Gott entwickelt, und das spricht sich dann sehr schnell herum, weil es eben für unseren Alltag Kraft gibt.

David Kadel: Glaubst du, es hat etwas mit dem Druck zu tun? Die Liebe der Fans ist ja sehr wankelmütig, denn man wird nur für seine Leistung geliebt. Und wenn die Leistung nicht stimmt, peng ist die Liebe weg. Aber als Christ weiß man, Gottes Liebe ist immer da, bedingungslos. Ist diese Denke das beste Mittel, dem Druck zu begegnen?

Sandro Schwarz: Es ist ein überragender Halt, zu 100 Prozent dein ganz persönlicher Halt, wenn du von außen Druck bekommst. Wenn du von vielen Menschen beurteilt wirst, bewertet wirst und auch manchmal das Gefühl hast, ungerecht behandelt zu werden, weißt du ganz genau, das ist dein Halt. Gott behandelt dich gerecht.

David Kadel: Du hattest mit Kloppo auch einen eisenharten Trainer, der aber gleichzeitig eine hohe Empathie für seine Spieler hatte. Konnte man bei Kloppo auch sehen, dass er ein gläubiger Christ ist? Okay, er hat dir mal eine Kopfnuss gegeben.

Sandro Schwarz: Ja, da hab ich gedacht: Hängt das jetzt damit zusammen, dass ich katholisch bin und er evangelisch, oder an was hängt das jetzt? ‹lacht laut› Nein Quatsch, alles vergeben und vergessen. Wir sind sehr gute Freunde – bis heute. Man konnte immer spüren, dass Kloppo einfach ein sehr, sehr offener Mensch ist und sich für alle Dinge interessiert, die in die Tiefe gehen. Auch dass er sehr intelligent ist und seinen Halt im Glauben an Gott gefunden hat. Aber er hat auch den Glauben, an den

verrücktesten Dingen festzuhalten. Den Weg zu gehen, von dem man überzeugt ist. Und wenn er seine Ansprachen vor der Mannschaft hielt, kam das Wort Glaube schon auffallend oft vor.

David Kadel: Wie hat dich Jürgen sonst inspiriert? Was ist so dein Highlight, wenn du an ihn denkst?

Sandro Schwarz: Wie er mit Widerständen umgegangen ist. Also das ist großartig. Am Anfang erfolgreich gewesen zu sein und dennoch mit zwei Nichtaufstiegen trotzdem nicht das endgültige Ziel erreicht zu haben. Und wie er dann mit den Umständen so umgegangen ist, dass er es am Ende doch noch in die Bundesliga geschafft hat und dabei Mensch geblieben ist. Auch in seinen Entscheidungen ist er immer sehr konsequent gewesen. Man hatte immer das Gefühl, dass er eine sehr verlässliche und starke Person ist.

David Kadel: Was macht es mit dir, wenn du abends die Nachrichten anschaltest und dann kommt: „Neymar wechselt für absurd viel Geld irgendwo hin", und in der nächsten Meldung gehen wir nach Jemen, wo 17 Millionen Menschen ums Überleben kämpfen, und anschließend nach Nigeria, wo gerade 400.000 Kinder mit großer Wahrscheinlichkeit vor Hunger sterben werden. Wie geht es dir in solchen Momenten? Wie nimmst du unsere Welt im Moment wahr? Mir geht es jetzt gar nicht so sehr um diese Neymar-Summe, wie hoch die ist, sondern um den Zusammenhang zwischen diesen beiden Meldungen.

Sandro Schwarz: Man merkt, unsere Fußballwelt ist eine Parallelwelt, die von der Realität leider sehr weit entfernt ist. Also, wenn man diese zwei Meldungen im Zusammenhang hört und überlegt, was das eigentlich bedeutet, merkt man, dass das mit der Lebenswirklichkeit der überwiegenden Mehrheit der Menschen auf diesem Globus nichts zu tun hat. Das, was in den Entwicklungsländern passiert, und was wir leider nicht in den Griff bekommen, ist die Realität, mit der wir uns auch im Fußball auseinandersetzen müssen.

David Kadel: Was hilft, was kann man machen? Hast du irgendeinen Lösungsansatz? Zu mir hat Timo Hildebrand vor Kurzem gesagt: „Wenn mir einer während meiner Karriere vorgeschlagen hätte, wir Spieler sollten alle auf fünf Prozent unseres Gehalts verzichten und alles in einen Hut für die Dritte Welt werfen, ich hätte das sofort gemacht."

Sandro Schwarz: Ja, irgendwo habe ich das jetzt auch von einem spanischen Nationalspieler gelesen. Da muss man was machen, absolut. Also, ich finde, das ist ein hundertprozentiger Lösungsansatz, dass wir privilegierten Fußballer auf die Menschen zugehen, denen es weniger gut geht, und dafür sorgen, dass etwas von unserem vielen Geld bei denen landet, die echte Nöte haben. Aber im Umkehrschluss finde ich auch, dass die höchste Gabe darin besteht, weiterhin als Mensch mit Gefühlen und Empathie aufzutreten und nicht irgendwie zu denken, man ist die und die Kohle wert und dadurch in dieser Welt irgendetwas Besseres. Ich finde, der Mensch steht am Ende über allem. Das ist das Entscheidende, wenn wir weiterkommen wollen.

David Kadel: Jetzt kommt das Wort, das wir alle so lieben. Im Moment wird viel über Mentalitätsspieler diskutiert. Was ist eigentlich für dich ein Mentalitätsspieler? Viele Trainer sagen

nur sehr oberflächlich: „Ja, ihr müsst Gas geben, ihr müsst kämpfen!" Aber was genau erwartest du von einem Spieler, von dem du dann am Ende sagst: „Das ist mein Mentalitätsspieler"? Welche Charaktereigenschaften bringt der mit?

Sandro Schwarz: Für mich ist ein Mentalitätsspieler jemand, der absolut im Hier und Jetzt lebt. Der komplett in der nächsten Trainingseinheit drin ist. Der zu 100 Prozent bereit ist, die Dinge umzusetzen. Der wahrscheinlich am Ende des Tages sogar mehr Fehler gemacht hat als andere Spieler, aber dennoch besser damit umgeht und letztlich trotzdem erfolgreich sein wird, weil er einfach diese besondere innere Qualität hat, mit Fehlern oder mit Wiederständen umzugehen. Er lässt sich nicht beirren, sondern geht konsequent seinen Weg, um sich aus seiner Stärke heraus weiter zu verbessern. Mentalität bedeutet für mich aber auch, auf Spieler zuzugehen, denen es vielleicht gerade weniger gut geht, und ihnen Hilfestellung zu geben. Mentalität heißt jedoch auch im Umkehrschluss, dass man die Größe hat, anderen ihren Erfolg zu gönnen, selbst wenn einem im Augenblick nicht alles gelingt. Das ist für mich wahre Siegermentalität.

David Kadel: Sandro, das ist eine der besten Definitionen zu Mentalität, die ich gehört habe. Was macht dich als Trainer eigentlich glücklich?

Sandro Schwarz: Ich brauche meine Mannschaft dazu. Ich brauche ein Team, das einfach eine große Lust verspürt, mit mir und meinem Trainerteam zusammen zu sein. Wenn ich das nicht hätte, ginge es nicht. Ich könnte nicht diese Kraft und Mentalität aufbringen, gegen eine unmotivierte Mannschaft anzukämpfen. Das ist das, was ich täglich brauche, um

Ex-Mitspieler, Coach und Freund „Kloppo"

glücklich zu sein. Wenn ich über einen längeren Zeitraum merken würde, meine Spieler hätten gar keinen Bock mit mir zusammenzuarbeiten, würde ich nicht mehr weitermachen, denn das hätte einfach keinen Sinn. Das ist ein bisschen wie ein Spiel zwischen meinen Spielern und mir, bei dem wir uns gegenseitig wach halten, einander begeistern und einfach für das dankbar sind, was wir da jeden Tag erleben dürfen, was in dieser Welt eben nicht selbstverständlich ist.

David Kadel: Was ist dein kreativstes Schimpfwort? Trainer müssen ja ab und zu auch mal schimpfen.

Sandro Schwarz: Ich sage gerne Vollpfosten.

David Kadel: Welchen Song kannst du sofort auswendig vorsingen?

Sandro Schwarz: „Verdammt ich lieb dich!" ‹beide lachen lange›

David Kadel: Hast du einen Tick? Es gibt ja Menschen, die haben so kleine Ticks. Ich habe zum Beispiel immer Salbeibonbons in meiner rechten Jeanstasche, immer.

Sandro Schwarz: Ich bin extrem strukturiert. Das glauben viele nicht, weil alle denken, ich wäre sehr emotional. Aber ich bin extrem strukturiert, auch was meinen Bürokram betrifft. Da habe ich fast einen Tick, denn bei mir muss alles am rechten Platz sein, sonst drehe ich durch. ‹lacht› Nein, so schlimm ist es noch nicht. Aber ich liebe meinen Trainerjob und der braucht eben Ordnung.

David Kadel: So ein kleiner Pedant fast schon.

Sandro Schwarz: Ja, ich bin schon derjenige, der die Fernbedienung gerne immer am richtigen Platz hat.

David Kadel: Wer ist der berühmteste Mensch, dessen Nummer du im Handy hast?

Best Friend „Rosi", Marco Rose

Sandro Schwarz: Der Kloppo.

David Kadel: Ja, darüber kommt dann wohl nur noch der Papst und die haben wir beide wahrscheinlich nicht. Was wolltest du als Kind werden?

Sandro Schwarz: Busfahrer. Wir haben festgestellt, dass mein jetziger Co-Trainer Jan-Moritz Lichte auch Busfahrer werden wollte. Stell dir mal vor, wir hätten uns als Busfahrer kennengelernt. Wie geil wäre das denn?

David Kadel: Letzte Frage, wenn du eines Tages vor deinem geliebten Gott stehst, und er wird sagen: „So, Sandro, frag mich doch mal." Was wäre deine erste Frage?

Sandro Schwarz: Ich würde ihn fragen, wie er mich als Mensch gesehen hat.

David Kadel: Hast du einen Tipp für den Weltmeister 2018?

Sandro Schwarz: Wäre doch super, wenn die Deutschen den Weltmeistertitel verteidigen könnten.

David Kadel: Deine Frau ist aber Kroatin! Deutschland : Kroatien, da wäre doch richtig Party im Hause Schwarz, oder?

Sandro Schwarz: Das werde ich dann wahrscheinlich nicht zu Hause schauen können. ‹lacht herzlich›

Sandro Schwarz
FACTSHEET

VEREINE	SV 07 Bischofsheim
	VfB Ginsheim
	1. FSV Mainz 05
	Rot-Weiss Essen
	SV Wehen Wiesbaden
TRAINER VON	SV Wehen Wiesbaden
	1.FC Eschborn
	1.FSV Mainz 05 Amateure
	1. FSV Mainz 05
GEBURTSTAG	17.10.78
GEBURTSORT	Mainz, der einzige gebürtige Mainzer Bundesliga-Trainer
BESONDERHEIT	Basecap, Vollbart und unverwechselbarer Humor!
	Sehr beliebt bei seinen Spielern

David Luiz
der Boss!

FC CHELSEA, KAPITÄN DER BRASILIANISCHEN NATIONALELF

Es sind seine Augen an denen man hängen bleibt. Klar, seine Haare, die bei jedem Sprint federn und hüpfen wie ein Eichhörnchen, sind sein Markenzeichen. Doch wenn man David Luiz in die frechen Augen schaut, merkt man sofort, dass es der Wuschelkopf aus Diadema faustdick hinter den Ohren hat. Humorvoll wie kein anderer in diesem oft zu ernsthaften Business, ist er der bekannteste Lausbub des Fußballs. Keine Grimasse ist ihm zu peinlich, 26 Millionen feiern ihn auf Facebook und seine DL4-Zunge ist beinahe so berühmt wie die der Rolling Stones. Ein Typ Marke Publikums-Liebling!

Aufgewachsen ist Luiz unweit von Sao Paulo in Diadema, einer der gefährlichsten Städte Brasiliens. Das Stadtgebiet besteht zu 70 Prozent aus Favelas und in den Armenvierteln sterben laut Polizei zwei Menschen am Tag durch ein Gewaltverbrechen. Man kann gut verstehen, dass David Luiz schon als Jugendlicher schnell weg wollte, um das echte Leben da draußen zu sehen. Schon mit 12 Jahren wird er entdeckt, sodass er mit 14 Jahren bereits für den Kultklub Esporte Clube Vitoria in Salvador, der drittgrößten Stadt Brasiliens, spielt. 2001 beginnt dort an der wunderschönen Westküste Brasiliens seine faszinierende Karriere. Zehn Jahre später kennt ihn in Brasilien jedes Kind. Nach Neymar hat David Luiz die meisten Fans an der Copa Cabana, weil er ein Typ ist, wie es ihn im brasilianischen Fußball sicher noch nie gab. Es ist eine der berühmtesten Szenen der Fußball WM, die so vieles über diesen außergewöhnlichen Brasilianer sagt.

David Luiz kniet auf dem Rasen des Mineirao Stadions von Belo Horizonte. Soeben hat die Selecao die niederschmetterndste Niederlage ihrer Geschichte, einen 1:7 Albtraum, erleben müssen. Kroos, Khedira, Müller und Schürrle haben die Selecao 90 Minuten lang auseinandergenommen und auf links gedreht. Während die Brasilianischen Kicker sofort nach dem erlösenden Schlusspfiff hemmungslos weinend in die Kabinen sprinten, kniet Luiz schon eine Zeit lang auf dem Rasen und schaut ohnmächtig ins Nichts. Während er den Kopf schüttelt, scheint er einen Gedanken zu haben, der ihn dazu bewegt, eine außergewöhnliche Geste zu machen. Er bleibt weiter auf seinen Knien, legt aber plötzlich seinen Kopf zurück, schaut entschlossen hoch in den Himmel und streckt einige Sekunden lang ganz gezielt seine Finger nach oben, als würde er sagen: „Gott, ...!"

Als er später von Journalisten darauf angesprochen wird erklärt er: „Wir Christen geben Gott die Ehre, im Sieg und in der Niederlage!" Das ist David Luiz. Keine Ausflüchte, kein Schönreden. Er ist der Kapitän. Er steht zu seinem Glauben, auch in der bittersten Niederlage seiner Karriere. Im eigenen Land so elendig blamiert und vorgeführt zu werden, eine ganze Nation als Kapitän enttäuscht zu haben, lässt einen normalen Fußballprofi wortlos im tiefsten Loch verschwinden. In so einer Situation trotzdem noch demütig Gott zu danken, zeigt, warum David Luiz in Brasilien so verehrt wird und zu Recht im Wechsel mit seinem besten Freund Thiago Silva die Kapitänsbinde dieser stolzen Selecao trägt.

„The Blues" im Jubel

Seine zig Millionen Follower auf Twitter, Insta & Co lässt er immer wieder mal tief in sein Herz hineinblicken und fotografiert dabei seinen Zeigefinger, der auf eine bestimmte Bibelstelle weist, die ihm immer wieder Mut macht: *Sempre Felizes! Philippians 4:4 Rejoice in the Lord always. I will say it again: Rejoice!! #God bless you #goodnight #Lord #faith #smile #believe*

So sehen die typischen #DL4 Posts aus. „Freut euch über Gott, allezeit!" Da passt es gut, dass die berühmteste Nummer 4 der *Premier League* Philipper 4,4 als seinen Lieblingsvers ausgibt.

David Luiz sieht sich als eine Art Botschafter der Freude! Im immer ernster werdenden Fußball-Geschäft vermisst man längst die unterhaltsamen Typen, wie Effe, Basler oder Poldi. Lausbuben wie der verrückte Mehmet

Scholl und Ansgar Brinkamnn, die sich für keinen Spaß zu schade waren, sind ausgestorben. David Luiz scheint hier tatsächlich der letzte Mohikaner des Entertainments zu sein. Während CR7 und Co. nach Kopfbällen ständig dabei sind, ihre Haare und Stirnbänder zu richten, kümmert sich Luiz mehr um die Show und die Lacher.

Auf seine berüchtigten Streiche angesprochen erklärt Luiz kürzlich: „Manche laufen mit so einem traurigen Gesicht durch die Gegend, aber Gott hat uns nicht nur zum Essen Zähne gegeben, sondern auch um zu lachen. Und ich als Christ habe riesigen Grund zu lachen, weil ich ihn kennen darf, Gott den Retter, der die einzige konstante Wahrheit im Leben ist."

„Meine Freunde, Familie und Chelsea sind das Wichtigste in meinem Leben – nach

Gott!", schrieb er kürzlich an seine Fans. Im Kultklub des FC Chelsea ist er bekannt geworden, nicht nur wegen seiner Korkenzieher-Locken, sondern auch für seine unheimliche Rafinesse im Zweikampf, für seine mitreißende Leidenschaft und seine unnachahmliche Freistoßtechnik, bei der die Bälle wie in einer perfekten Elipse ins Tor segeln. Mit den *Blues* aus London erlebte er auch seinen bisher größten Erfolg, den Gewinn der *Champions League* in München.

Eine kuriose Szene dieses aus FCB Sicht bizarren Abends werden die Bayernfans noch lange in Erinnerung halten. Zusammen mit seinem Freund Fernando Torres sitzt Luiz feixend wie Tingel-Tangel-Bob (sein Spitzname bei Chelsea Fans) mit Chelsea Hut und Schal verkleidet auf der bayerischen Torlatte und feiert den Gewinn des begehrten Henkelpokals. Im dramatischen Elfmeterschießen hatte er für Chelsea bei 0:2 Rückstand den ersten Elfer verwandelt und das Team animiert zu kämpfen. Am Ende hatte die Bayernoffensive ihr *Finale dohoam* gegen einen bärenstarken, 1,89 Meter großen Hünen verloren. Die übermächtigen Bayern mit Gomez, Ribery, Kroos, Schweini, Müller und Robben, alle bissen sich an diesem denkwürdigen Abend im Mai 2012 die Zähne an David Luiz aus. David gegen Goliath, nur anders herum.

Chelseas Paradiesvogel liebt diese alten Geschichten über das Volk Israel. Er zitiert sie gerne, wenn es um heiß umkämpfte Duelle geht. *Trust*, ist eines der Worte, das er am meisten gebraucht, *Vertrauen*. Und Luiz vermag zwischen Fußball und dem echten Leben sehr wohl zu unterscheiden: „Das echte Leben ist für mich in der Beziehung zu Jesus Christus zu finden. Ich glaube, dass alles im Leben sowieso Gott gehört und er einen klaren Weg für uns hat, wenn wir uns mit ihm beschäftigen."

Euphorisch in Paris

In England weiß inzwischen jeder kleine Fan, dass *Blues-Dave* der Bibelexperte und Pastor von Chelsea ist. Um sein *Holy-Image* zu wahren, sorgt er an der Stamford Bridge immer wieder für kuriose Szenen. Kurz vor Anpfiff des Champions-League-Spiels gegen Genk legt er seinem Freund Fernando Torres 30 Sekunden lang die Hand segnend auf den Kopf und betet in aller Seelenruhe für ihn. Torres senkt geduldig sein Haupt, dankt es ihm und knipst zweimal beim 5:0 Sieg!

„Ich bin ein Mann mit einem starken Glauben", erklärt Luiz später die Szene. „Mein Glaube gibt mir die Kraft, dass ich da draußen gute Leistung bringen und mich als Spieler verbessern kann. Gott schenkt mir Stärke und Inspiration und die gebe ich auch an meine Jungs weiter."

Triumphe in London & Paris

Auch wenn er als Kapitän der berühmtesten und verehrtesten Nationalmannschaft weltweit an einer Pressekonferenz zu seinen Erfolgen gefragt wird, macht Luiz keinen Hehl daraus, dass er ein Fan von Gott ist: „Mein Glaube an Jesus gibt mir Kraft, immer wieder rauszugehen aufs Feld, um mein Bestes zu geben, aber auch um andere zu begeistern – dafür ist Gott meine Inspiration."

Zwei Jahre in Paris von 2014 bis 2016 waren für den brasilianischen Schlaks sicher Inspiration pur. Mit dem genial-verrückten Ibrahimovich, Angel di Maria und seinem besten Freund Thiago Silva, den er seit seiner Kindheit kennt, zusammen spielen zu dürfen, war für Luiz *wie ein zwei Jahre langer Ausflug ins Euro Disney!* Hier gewann David Luiz 2015 und auch 2016 sagenhaft das französische Triple mit Meisterschaft, Pokal und Liga-Pokal. Ganz Paris hatte sich in den lustigen Lockenkopf mit der 32 verknallt,

deshalb war sein Trikot zusammen mit dem von Ibrahimovich der absolute Verkaufsrenner. Und auch hier spielte er nicht nur mit dem Argentinier Javier *Pastore* zusammen, sondern gab immer wieder selber den Pastor, wenn er mal unlieb auf der Bank Platz nehmen musste, weil Trainer Laurent Blanc die anderen auch bringen wollte: „Ich glaube beispielsweise, dass Gott alles über mein Leben weiß. So kann ich entspannt bleiben, wenn mich der Coach auf die Bank setzt, weil ich eben glauben kann, dass es wohl das Beste für mich ist. Vielleicht bewahrt er mich so vor einer Verletzung oder Ähnlichem. Das heißt nicht, dass ich nicht ehrgeizig bin, aber mein Vertrauen in Gott ist größer, als eine bestimmte Situation, die mir nicht gefällt."

Unfassbare sechs Titel in zwei Jahren mit Paris Saint-Germain, mehr geht nicht. Und trotzdem zieht es ihn 2016 zurück an die

Nach (!) Brasiliens 1:7 gegen Deutschland

Stamford Bridge in sein geliebtes Chelsea. Hier fühlt er sich zu Hause, hier empfindet er „echte Liebe und puren Fußball!

Als bekannt wurde, dass David Luiz zu Chelsea zurückkehren würde, lagen sich Chelseafans vor Freude in den Armen und feierten ihren *Curly* wie einen verlorenen Sohn, der nach Hause kam. Chelseas alter und neuer Abwehrchef empfindet seine Karriere wie eine Abenteuerreise mit Jesus als Begleiter.

„Wer auf Gott vertraut, dem muss alles zum Besten dienen. Es ist mein Glaube, der mich stark macht und der mir den Weg ebnet. Mein Glaube an Gott schenkt mir für jedes Match Stärke und Inspiration. Trotzdem bin ich keiner, der die Arme verschränkt und dann hofft, dass Gott schon alles fügen wird. Ich glaube, dass Gott gerade die Fleißigen belohnt."

Zusammen mit Antonio Rüdiger ist er fleißig dabei zu betonieren. Das Abwehr-Bollwerk soll damit eines der besten in Europa werden, denn Chelsea will als amtierender Meister Kloppo, Pep und Mourinho ein weiteres Mal die lange Nase zeigen und die Premier League dominieren.

Ob Luiz, das Muster-Vorbild aller brasilianischen Teenager, eigentlich auch selber Vorbilder hatte? Auf diese Frage antwortet er: „Kaka hat mich damals beim AC Mailand mit seinem Lebensstil als Christ sehr beeindruckt. Ich denke, dass andere Menschen unser Leben sehr genau anschauen. Deshalb versuche ich durch die Art und Weise wie ich lebe und was ich von mir gebe, auch andere zu inspirieren."

Sein Freund und Vorbild Kaka wird es wohl zur WM 2018 nicht mehr schaffen, doch mit Neymar, Thiago Silva und Lucas hat David Luiz drei *Lieblings-Brüder,* die sich für Russland etwas Besonderes vorgenommen haben. Das 1:7 gegen Deutschland hat man nicht vergessen.

Trost für James, nach dem Sieg über Kolumbien (WM 2014)

Und es schmerzt immer noch sehr, diesem fußballverrückten Volk seit 2002 keinen wirklich zählenden Erfolg mit nach Hause gebracht zu haben.

Doch die Brasies sind seit dieser Schmach gegen *Alemania* enger zusammengerückt, sodass sie nicht umsonst uneinholbar auf Platz eins der Quali stehen. Wie ein verschworener Haufen wirken sie bei ihren Spielen mit der Selecao, wenn sie mit diesem entschlossenen „Jetzt-erst-recht"-Gesichtsausdruck Hand in Hand auf den Platz gehen. Zweifelsohne, sie wollen es der ganzen Welt zeigen. In Russland. Am Ende der Welt.

Am liebsten würde ich als Deutscher mit breiter Brust diesem frechen David Luiz gegenübertreten und sagen: „Hey Irmao (Bruder), wir sind Weltmeister, zieht euch warm an!" Und Mister Lockenkopf würde sicher antworten: „Ja machen wir, ist saukalt in Russland!"

David Luiz
FACTSHEET

VEREINE	EC Vitória Benfica Lissabon FC Chelsea Paris St. Germain
LÄNDERSPIELE	57 für Brasilien
GEBURTSTAG	22.04.87
GEBURTSORT	Diadema (Brasilien)
BESONDERHEIT	Locke, Rollingstones Zunge, Zig Millionen Follower bei Instagram

Robert Bauer
der Abräumer

SV Werder Bremen

David Kadel: Welches Fußballerposter hing in deinem Kinderzimmer an der Wand? Wer waren deine Helden?

Robert Bauer: Maik Franz fand ich gut. Sean Dundee und Godfried Aduobe – alles echte Persönlichkeiten.

David Kadel: Danke für das Stichwort. Persönlichkeit ist im Fußball gefragt. Was hat dir in den Jahren geholfen, dich zu einer Persönlichkeit zu entwickeln? Was waren die Dinge, die du in deiner Jugend verstehen musstest, vielleicht auch schmerzhaft verstehen musstest?

Robert Bauer: Als ich in der U15 beim KSC war, wollte ich wegen dem Trainer mit dem Fußball aufhören. Das war damals Tim Walter, mit dem ich überhaupt nicht klargekommen bin. Da musste ich mich zum ersten Mal in meinem Leben wirklich selbstkritisch hinterfragen, ob ich das alles, was der Fußball einem abverlangt, wirklich möchte. Nach einer sehr offenen Aussprache mit dem Trainer und einer bewussten dreimonatigen Pause vom Fußball bin ich dann im Sturm so richtig durchgestartet und konnte in der Rückrunde noch neun Tore machen.

David Kadel: Und danach hast du nie mehr ans Aufgeben gedacht? Es gibt ja viele talentierte Jugendliche, die das dann irgendwann hinschmeißen, weil ihnen der Druck und die Opfer zu groß werden.

Robert Bauer: Als ich fertiggemacht wurde und keiner wirklich an mich geglaubt hat, habe ich begonnen, selbst an mich zu glauben – außer eben in diesem schwachen Moment, in dem ich mit allem aufhören wollte. Aber gerade aus dieser schwierigen Situation bin ich sehr gestärkt herausgegangen, auch dank meiner Familie, die immer an mich geglaubt hat. Gott war damals in meinem Leben als Teenager noch nicht so präsent wie heute, aber ich habe auch damals schon an Gott geglaubt und ihm zugetraut, dass er Dinge an meiner Persönlichkeit und meine Ängste zum Positiven verändern kann.

David Kadel: Und ab da hattest du eine, nennen wir es *Ahnung*, dass es von deinem Potenzial her für den ganz großen Traum, Profi zu werden, reichen könnte?

Robert Bauer: Vom Fußballerischen her gab es sicher viele, die besser waren als ich, aber ich hatte durch die Beziehung zu Gott den Kopf dazu, und das richtige Denken. Ich glaube, Psychologen nennen das Resilienz. Ich wusste einfach, dass ich es packe.

David Kadel: Und du hast es gepackt. Heute bist du ein gestandener Fußballprofi. Man kennt Robert Bauer. Aber, wenn du mit 15 Jahren gewusst hättest, was auf dich zukommt …

Robert Bauer: Wenn ich mit 15 Jahren gewusst hätte, wie das Profileben ist, dann hätte ich es mir zweimal überlegt, ob ich diesen Weg gehe.

David Kadel: Warum? Wie ist das Profileben? Was unterschätzen die Menschen da draußen, die euch nur als Millionäre sehen?

Mit Ex-Coach Alex Nouri

David Kadel: Was macht dieser Druck mit dir?

Robert Bauer: Wenn man nach einem schlechten Spiel öffentlich zerrissen wird, fängt man an darüber nachzudenken, ob man gut genug ist und zweifelt tatsächlich an sich selbst. Deswegen lese ich auch keine Zeitungen mehr, weil so viele Unwahrheiten darin stehen. Aber in diesem Geschäft verkauft sie sich eben besser als die Wahrheit. Wenn ich schlecht gespielt habe, dann weiß ich das selbst als Erster. Das muss ich nicht nachlesen und andersrum genauso.

David Kadel: Nach außen sieht man immer nur die Stars, die funktionieren. Dieses Zerbrechliche, was du gerade geschildert hast, das kennen wir alle gar nicht.

Robert Bauer: 90 Prozent der Fußballer haben diese Gedanken.

David Kadel: Sind unsicher?

Robert Bauer: Die Leute sehen immer nur das Geld und den Ruhm, und dass wir zu viel verdienen. Das bestreite ich auch gar nicht. Aber der psychische Druck, der auf einem lastet, ist immens. Du musst dich jede Woche aufs Neue beweisen, vor allem, wenn du bei so einem Verein wie Werder spielst. In Ingolstadt war das anders, weil alles kleiner war. Nicht so viel Druck von den Fans und den Zeitungen. Aber hier bei Werder sind die Ansprüche höher, auch meine Ansprüche an mich selbst. Und diese ständigen Erwartungen an einen, das kann einen manchmal innerlich kaputt machen. Das können viele Beobachter von außen nicht nach vollziehen.

Robert Bauer: Ja, denn schließlich geht es um mehr, als nur um heute. Es geht auch um die Zukunft. Jeder weiß, als Zweitligaprofi hat man in den meisten Fällen nicht ausgesorgt. Was machst du dann aber, wenn du mit 35 Jahren aufhörst, Fußball zu spielen? Da kommen dann Zukunftsängste auf. Selbstzweifel, da bin ich mir hundertprozentig sicher, haben die meisten Fußballprofis.

David Kadel: Wie fängst du das auf? Warum erlebe ich dich als so selbstbewussten Typen? Was ist dein Geheimnis?

Robert Bauer: Zum einen hilft mir meine Familie und zum anderen ganz klar Gott. Wenn ich manchmal zweifle, hole ich meine Bibel raus oder meine *Holy Bible App*. Das ist eine App, mit der man die ganze Bibel lesen kann. Außerdem enthält sie Andachten und Predigten zu bestimmten Bibelstellen oder Themen – auch wenn man sich unsicher fühlt oder Mut braucht.

David Kadel: Wann liest du die Bibel?

Robert Bauer: Eigentlich jeden Abend, bevor ich schlafen gehe, aber oft auch morgens, sobald ich wach werde. Zu diesem Zeitpunkt entscheidet sich oft, wie sich der Tag entwickelt, was ich als Erstes denke, ob ich meinen Gefühlen nachgehe, oder ob ich mich mit Gott bewusst verbinde. Von meiner Bibel App bekomme ich morgens einen Spruch des Tages – einen ermutigenden Bibelvers – auf mein Handy geschickt. Und weil man die Zeit einstellen kann, wann man die Benachrichtigung auf's Handy bekommen möchte, stelle ich mir das so ein, dass der Spruch kommt, wenn ich aufstehe.

David Kadel: Also weckt Gott dich morgens.

Robert Bauer: ‹lacht laut› Ja, sozusagen. Ich lese direkt nach dem Aufwachen etwas aus der Bibel, denke an Gott und weiß, dass er für mich da ist und auch an diesem Tag meinen Weg begleitet. Gerade auch durch das Buch *Shaken* (die Biografie des gläubigen Footballstars Tim Tebow) ist mir das sehr bewusst geworden. Das war einer der besten Tipps, die du mir bisher gegeben hast. Dieses Buch ist wirklich unglaublich. Es inspiriert einen so sehr, weiterzumachen und sein Vertrauen in Gottes Hände zu legen, selbst wenn es nicht gut läuft. Das Buch macht Mut, nicht immer alles zweifelnd zu hinterfragen, sondern einfach weiterzumachen und später das große Ganze zu sehen, weil Gott für jeden einen

Plan und alles schon seinen Grund hat, warum etwas passiert.

David Kadel: Wie definierst du Christsein?

Robert Bauer: Ein Christ ist ein Mensch, der Gott sehr vertraut. Der eine Nähe zu Gott hat. Durch das Lesen in der Bibel lernt man erst zu verstehen, dass Gott einen liebt und immer da ist, um einen zu führen und zu stärken. Christsein heißt, in schwierigen Situationen ruhig zu bleiben und zu sagen: „Gott, ich vertraue dir, dass du es gut machen wirst!"

David Kadel: Wie bekommst du das hin, weiter im Glauben zu wachsen, und nicht immer wieder ins Zweifeln zu geraten?

Palmen-Selfie im Urlaub

Robert Bauer: Ich muss sagen, würde ich nicht in der Bibel lesen, dann würde es mir anders gehen. Wenn ich mir jeden Tag vor Augen führe, was Gott, Jesus, getan hat, und was er in Menschen auslösen und vor allem, wie er sie verändern kann, hilft mir das am meisten, am Glauben dranzubleiben und nicht zu zweifeln.

David Kadel: Wie sprichst du mit Gott?

Robert Bauer: Ganz normal – per Du – als Freund. Ich finde, man kann alles mit Gott besprechen, egal welche Sorgen man hat. Wenn ich mit ihm über meine Probleme spreche, dann geht es mir direkt besser. Denn wenn man Gott seine Zweifel und Ängste offenbart, dann hat man auf jeden Fall schon mal jemanden, bei dem man seine Sorgen loswerden

konnte und von dem man weiß, dass er einen hört. Tief in meinem Herzen weiß ich dann immer, dass er mir helfen wird und kann dann, was mich bedrückt, loslassen.

An mich selbst habe ich den Anspruch, dass ich immer versuche, der beste Mensch zu sein, der ich sein kann. Jeder macht Fehler, aber es ist wichtig, dass man sie bereut und den Willen hat, sich zu verbessern und aus diesen Fehlern zu lernen – auch aus den Sünden. Dann weiß man, dass Gott einem hilft, der Mensch zu werden, der man eigentlich sein sollte.

David Kadel: Was fasziniert dich an Jesus?

Robert Bauer: Ich habe vor Kurzem erst eine Geschichte in der Bibel gelesen, die nach der

Kreuzigung Jesu spielt. Da saß ein Gelähmter vor der Synagoge, also quasi der Kirche, wo zwei der Jünger Jesu ihm begegnet sind und ihn dann im Namen von Jesus geheilt haben. Alle haben über das Wunder gestaunt, denn jeder kannte den Gelähmten. Den beiden Jüngern war dabei aber ganz wichtig klarzustellen, dass nicht sie, sondern Jesus den Gelähmten geheilt hat. Natürlich bekamen das auch die Hohepriester und der Kommandant der Tempelwache mit und verboten den Jüngern, solche Geschichten zu erzählen. Sie haben ihnen mit Strafe gedroht, wenn sie weiter von Jesus erzählen und heilen würden. Die beiden haben daraufhin geantwortet: „Wir sagen ja nur die Wahrheit, und die Leute sehen selbst, dass der Gelähmte geheilt wurde. Wir lügen die Leute nicht an, sondern erzählen die Wahrheit, dass normale Menschen durch die Kraft des auferstandenen Jesus wundervolle Dinge tun können." Das hat mich sehr fasziniert. Ich denke oft darüber nach, was man mit Jesus alles erleben könnte, wenn man ihm mehr zutraut.

David Kadel: Hast du ein Lieblingsbuch in der Bibel?

Robert Bauer: Die Psalmen, weil das die perfekten Gebete für mich sind.

David Kadel: Was für ein besonderes Erlebnis hast du mit Gott gehabt?

Familie Bauer hat gut Lachen!

Mit Schwester Christine

Robert Bauer: Ich glaube, einer der traurigsten Momente war, als meine Oma gestorben ist. Meine beiden Opas habe ich nie kennengelernt. Ich war, glaube ich, 13 oder 14 Jahre alt, als meine Oma gestorben ist. Mir ging das schon nahe in dem Moment, vor allem, weil meine Mutter so geweint hat. Aber als wir dann nach Braunschweig zur Beerdigung gefahren sind und ich sie dort gesehen habe, wie sie im Sarg lag, da habe ich zum ersten Mal so richtig den Verlust realisiert und darüber hinaus, dass wir alle sterben werden. Mir wurde bewusst, dass wir nur dieses eine Leben haben und uns Besitz im Himmel ergattern sollten. Und dass das Leben eigentlich so kurz ist, dass es keinen Sinn hat, sich übermäßig Sorgen und Gedanken zu machen. Klar man muss für seine Familie sorgen und kann jetzt nicht einfach so in den Tag leben. Aber mir ist wichtig geworden, das Leben als Geschenk zu sehen und sich darüber zu freuen, dass man jeden Tag aufwachen darf, gesund ist und seinen

Träumen nachstreben kann. Ich frage mich immer, was nach dem Tod ist und ich bin mir 100 Prozent sicher, dass man irgendwann vor Gott stehen wird. Aus diesem Grund versuche ich einfach, wie ich es schon gesagt habe, der bestmögliche Mensch zu sein. Und wenn Gott sieht, dass man sich Mühe gibt, dann wird man später dafür belohnt.

David Kadel: Was müsste man den Menschen in Deutschland, die sich mit diesem Glauben so schwer tun, sagen, damit sie anfangen zu vertrauen, dass es wirklich einen Gott gibt?

Robert Bauer: Ich denke, man kann die Leute am besten erreichen, wenn man sehr ehrlich über Dinge spricht, die jeden von uns betreffen.

Gute-Nacht-Lektüre

Wir alle haben Ängste, jeder hat Zweifel und jeder sucht nach Wegen, diese in den Griff zu bekommen. Wenn du Menschen sagst, dass sie durch die Verbindung zu Gott Hilfe bekommen können, diese Ängste und Zweifel loszuwerden, dann öffnen sich Menschen für diesen helfenden, liebenden Gott. Bei mir war das als Jugendlicher ja genauso. Ich musste mich auch erst darauf einlassen. Aber wenn du Probleme hast, bist du eben dankbar, dass es wirklich funktioniert und Gott dein Herz erleichtert, indem er dir deine Sorgen nimmt und dafür Hoffnung schenkt. Ich würde einem Menschen, der mich fragt, wie man an Gott glauben kann, sagen: „Wenn du dich Gott anvertraust, indem du in der Bibel liest und mehr über ihn erfährst und anfängst zu beten, dann wird viel mehr passieren, als du jemals erahnt hättest. Gott ist real, das ist ja das Verrückte und Schöne am Glauben, es gibt ihn wirklich.

David Kadel: In welche Kirche gehst du?

Robert Bauer: Ich bin noch in der Gemeinde meiner Eltern. Wir sind in der evangelischen Kirche in Königsbach Stein, da wurde ich auch konfirmiert. In Bremen muss ich noch etwas finden.

David Kadel: Für viele Menschen heute ist Geld deren Gott. Vor allem im Fußball wird sehr viel über Geld diskutiert. Neymar kostet 222 Millionen und im Jemen sind es 17 Millionen Menschen, die gerade täglich dagegen ankämpfen, dass ihre Kinder nicht elendig verhungern. Irgendetwas stimmt doch in unserer Welt nicht. Auf der einen Seite so eine Summe und auf der anderen Seite sterben die Kinder.

Robert Bauer: Das ist unglaublich, das kann einen verrückt machen. Als Fußballer, der du

im öffentlichen Leben stehst, hast du immer die Möglichkeit, Menschen zu erreichen. Irgendwann möchte ich eine Stiftung für Menschen gründen, denen keiner helfen möchte. Ich weiß noch nicht, ob das jetzt direkt für hungernde Menschen in Afrika ist oder für andere Projekte. Ich finde, so könnten Fußballer mit einem Teil ihres Geldes helfen. Wenn alle zusammen nur einen kleinen Teil geben, dann kommt viel zusammen, um Menschen zu helfen. Uns geht es so gut hier in Deutschland, aber in unserer Gesellschaft ist es leider so, dass man immer mehr haben will, selbst wenn man schon genug hat. Viele kriegen den Hals einfach nicht voll.

David Kadel: Kürzlich habe ich gelesen, der und der Spieler verlängert in Hamburg, *natürlich* zu erhöhten Bezügen. Dieses *natürlich* hat mich wirklich geärgert. Darauf habe ich gepostet: „Es ist *nicht natürlich*, dass einer 2,5 Millionen verdient, und plötzlich über Nacht 3,5 Millionen. *Natürlich* ist, dass gerade 400.000 Kinder in Nigeria sterben, weil es dort kein Öl und kein Gold gibt und deswegen keine Nation hilft." Daraufhin hat mich Timo Hildebrand angefunkt und gesagt, wenn ihn zu seiner Zeit jemand gefragt hätte, ob er zwei Prozent von seinem Geld abgeben würde, dann hätte er das sofort gemacht.

Wie findest du die Idee, wenn zum Beispiel Klopp, Alaba oder ein anderer von euch Großen sagen würde: „An alle Fußballkollegen da draußen, lasst uns doch einfach jeder fünf Prozent in die Liebe zu anderen Menschen investieren!"

Robert Bauer: Die Idee ist überragend. Ich glaube, da würde wirklich eine Menge zusammenkommen. Ich glaube nicht, dass der Großteil da mitmachen würde, aber einige würden

Zum anderen möchte ich mein privates Facebook Profil löschen, weil da einfach so viele Bilder und Videos zu sehen sind, die sinnlos sind. Die Facebook-Fanseite und auch Instagram sind natürlich extrem wichtig, um mit den Fans im Kontakt zu bleiben. Ich will schließlich für die Fans ein ganz normaler Mensch sein, denn nur weil ich Fußball spiele, bin ich nicht besser als sie. Auf diesen beiden Seiten sehen mir die Leute halt bei meiner Arbeit zu. Das ist so, als würde ich bei jemandem im Büro stehen und klatschen, weil jemand einen Text abschreibt.

David Kadel: Ha ha, der war gut, bei mir könnte auch mal ruhig einer stehen und klatschen, wenn ich die Kommas mal richtig gesetzt habe! Im Fußball geht es inzwischen sehr viel um die Dinge, die wir nicht messen können, Mentalität und Werte. Was macht denn einen Mentalitätsspieler für dich aus?

Robert Bauer: Zum einen ist das jemand, der nie aufgibt, auch wenn es 3:0 für den Gegner steht. Einer, der auch bei 3:0-Führung trotzdem weiterkämpft. Zum anderen bedeutet das, dass man seine Mitspieler inspirieren kann, mitnehmen kann, überzeugen kann, eben auch die extra Meile zu gehen. Füreinander zu kämpfen, füreinander zu laufen. Ich glaube, dass Spieler, die diszipliniert sind, die auf dem Platz Gas geben und andere Mitspieler dazu animieren können, solche Mentalitätsspieler sind. Es können aber auch Leute sein, die extrem auf ihre Ernährung achten oder auf das, was sie lesen und in ihrer Freizeit machen, um an sich innerlich zu arbeiten. Solche Leute können andere inspirieren, sodass sie sich an ihnen ein Beispiel nehmen und sagen: „Ich will auch so professionell leben, was meine Eigenverantwortung angeht."

sicher mit einsteigen. Ich persönlich fände es gut. Ich finde, es würde auch ein Zeichen setzen. Nicht nur das Geld, mit dem du natürlich extrem viel machen kannst, sondern die Geste, die sagt: „Wir denken an euch!"

David Kadel: Ablenkungen – ein großes Thema in unserer Zeit. Was ist für dich eine Ablenkung, bei der du sagst, da muss ich jedes Mal kämpfen?

Robert Bauer: Mein Handy. Zum Glück gibt es aber die Ruhestellung. Die stelle ich so ein, dass es noch nicht mal mehr vibriert. Denn wenn es vibriert, ist mein Verlangen zu groß, zu schauen, wer geschrieben hat. Aber wenn es nicht vibriert, weiß man ja nicht einmal, dass jemand sich gemeldet hat. Diese Dinge muss man als Profi in den Griff bekommen, denn Ruhe ist für unser Selbstbewusstsein später auf dem Platz extrem wichtig.

ICE-Grätsche vs Marco Reus

David Kadel: Ein Mentalitätsspieler ist deshalb gefragt, weil man meint, er sei extrem stark. Also innerlich. Zum Beispiel Jürgen Klopp ist so jemand, der in sich selbst ruht und den nichts umpusten kann. Robert, du bist in Bremen einer dieser Mentalitätsspieler. Was ist das Geheimnis, das dich auch innerlich stark macht?

Robert Bauer: Was mich persönlich sehr stark macht ist der Gedanke, dass mich die Leute als Person nicht kennen. Die sehen mich nur als Fußballer. Und wenn ich schlecht gespielt habe und jeder sagt: „Du bist Scheiße", dann weiß ich, die meinen nicht mich als Menschen, sondern meine Leistung auf dem Fußballplatz. Das zu verstehen, im positiven wie auch im negativen Sinn ist für mich extrem wertvoll gewesen, denn seitdem kann ich das trennen und lasse diese Häme und oft giftige Kritik

nicht mehr an mich ran, das prallt an mir ab. Wenn du gut spielst und jeder lobt dich, dann weißt du auch, die meinen nicht dich als Menschen, die sehen nicht dich als Persönlichkeit, die sehen deine Arbeit auf dem Platz. Und da in sich zu ruhen und zu wissen, in 10 Jahren ist das alles vorbei und du spielst kein Fußball mehr, das ist wichtig. Dann bist du einfach weg von der Bildfläche, hast aber immer noch deine Familie, deine Freunde.

David Kadel: Du siehst das also nicht mit Scheuklappen, sondern siehst die ganze Geschichte. Du hast gerade etwas Schönes gesagt, du ruhst in dir selbst. Wo findest du diese Ruhe, die im Fußball sehr gefragt ist?

Robert Bauer: Auf jeden Fall bei meiner Familie. Am Anfang war es so, dass alle über Fußball geredet haben, wenn ich nach Hause kam.

Mit Captain Zlatko Junuzovic

Ich habe ihnen dann nach einer Weile gesagt, dass wir, wenn ich zu Hause bin und einen freien Tag hab, über alles reden können, aber nicht über Fußball. Jetzt ist es so, ich komme nach Hause und bin einfach Sohn, Kind und Bruder. Es dreht sich um alles, nur nicht um Fußball. Das bringt mich wirklich zur Ruhe und gibt mir Kraft.

David Kadel: Hast du auch ein bestimmtes Ritual, das du vor den Spielen einhältst? Es gibt ja nur wenige Menschen, die Ruhe aushalten können. Grade junge Leute müssen ständig irgendwie berieselt werden.

Robert Bauer: Vor den Spielen bete ich das *Vaterunser*. Da bin ich komplett in mich gekehrt und ruhig. Gewisse Musik hilft da auch. Oder etwas Inspirierendes aus der Bibel lesen, das macht enorm stark.

David Kadel: Fußballer sind ja oft schwankend. Unter welchen Bedingungen ist Robert Bauer der beste Robert Bauer, der er sein könnte?

Robert Bauer: Zu Hause muss alles passen und es darf da keine Probleme geben, damit ich mit dem Kopf komplett beim Fußball sein kann und die Top-Leistung bringe, die man von mir erwartet. Aber es ist genauso wichtig, mit sich selbst Frieden zu haben. Daher kommt ja auch das Wort Zufriedenheit, das macht stark. Dann ist die Trainingswoche für mich sehr entscheidend, dort gebe ich immer Gas, denn ich hole mir meine Sicherheit auch aus dem Training. Manche Spieler können das vielleicht, dass sie im Training nur so lari fari mitmachen und dann im Spiel voll da sind, aber ich hol mir auch im Training meine Sicherheit.

David Kadel: Bist du jemand, der sehr diszipliniert ist oder kannst du auch mal *cheaten*?

Robert Bauer: Ich finde *cheaten* sogar sehr wichtig. Wir haben vor der Saison von einer Heilpraktikerin Blut abgenommen bekommen, und das wurde in Labore geschickt, um bei uns die Verträglichkeit auf 200 Lebensmittel zu testen. Es ging darum, was wir besser verstoffwechseln und was schlechter – noch nicht mal unbedingt um eine Intoleranz oder Allergien. Ich sollte Gluten weglassen, Milchprodukte komplett weglassen und Histamine reduzieren. Für mich persönlich ist das schon auch eine Belastung, wenn ich immer darauf achten muss, was ich essen darf und was nicht. In welches Restaurant kann ich gehen, damit ich glutenfreies Essen bekomme? Da cheate ich zum Beispiel immer mal wieder, indem ich mir nach einem Spiel eine Pizza bestelle. Das tut einfach dem Kopf gut, weil ich mir selbst was Gutes tue. Ich weiß, dass ich die ganze Woche diszipliniert gearbeitet habe und dann macht mich nach einem Spiel eine Pizza richtig glücklich.

David Kadel: Ein Belohnungsprinzip sozusagen.

Robert Bauer: Ja, genau.

David Kadel: Also *cheaten* als Ausgleich, damit man vor lauter Selbstkontrolle nicht durchdreht?

Robert Bauer: Für mich persönlich ist das ganz wichtig, auch um glücklich zu bleiben. Ich könnte nicht die ganze Zeit wie ein Roboter diszipliniert sein. Ich versuche so diszipliniert wie möglich zu sein, aber wie gesagt, einmal cheaten die Woche ist okay.

David Kadel: Wie schwierig ist es, demütig zu bleiben, wenn an jeder Ecke einer steht, der ein Foto mit dir machen will?

Robert Bauer: Natürlich ist es manchmal auch schwer, geerdet zu bleiben, gerade in Zeiten, in denen dir jeder auf die Schultern klopft und sagt, wie toll du bist. Aber man muss sich nur die Geschichten von Jesus durchlesen: Er kam als Heiland in Dörfer und alle jubelten ihm zu. Trotzdem half er den Bedürftigen, heilte Kranke und Blinde und ist bis heute, was die Nächstenliebe betrifft, ein Vorbild für jeden. Ich versuche, von Jesus zu lernen und mich nicht so wichtig zu nehmen.

David Kadel: Hast du in deiner Karriere als Fußballer mal einen krassen Fehler gemacht? Ein Fehler, von dem du sagst, den werde ich leider nie vergessen?

Robert Bauer: Was mir grad jetzt als erstes in den Sinn gekommen ist, ist das Eigentor gegen Wolfsburg letztes Jahr. Es stand 0:0 in der fünfundsiebzigsten Minute. Das war der erste Sieg in der Saison, deswegen ist mir das so im Kopf geblieben. Ich habe ein Eigentor zum 0:1 gemacht, und wir haben dann, Gott sei Dank, noch 2:1 gewonnen.

David Kadel: Was denkst du in so einem Moment? Was macht das mit dir?

Robert Bauer: Ich habe die Situation sogar noch bildlich vor mir, weil ich anschließend im Fernsehen gesehen habe, wie ich das Ding ins eigene Tor haue, dann am Boden liege, auf dem Boden sitze, mich kurz aufrege und gleich wieder nach vorne gehe.

David Kadel: Was geht dann in deinem Kopf vor?

Robert Bauer: Fuck. ‹lacht herzlich›

David Kadel: Ja, das muss raus. Manche gehen ja kaputt an solchen Fehlern.

Robert Bauer: Das stimmt. Aber dann sage ich mir: „Weiter Robert, das Spiel ist noch nicht vorbei. Es steht 0:1, aber wir haben noch genug Zeit, um das wiedergutzumachen. Ich zeige denen da draußen jetzt, wie ich persönlich mit Fehlern umgehe." Meistens ist man dann noch motivierter, weil man seinen Fehler wiedergutmachen möchte.

David Kadel: Also das, was du gerade schilderst, ist die wundervollste Definition für Resilienz. Was du gerade beschreibst, könnte so für Resilienz im Lexikon stehen. Resilienz kommt aus dem Lateinischen und heißt „zurückschnellen". Der Begriff steht für Leute, die umfallen und dann sagen, ist mir doch egal, ich mache weiter. Viele Schulen beschäftigen sich heute damit, wie man resiliente Kinder heranziehen kann, die nach einer Fünf in Latein nicht aufgeben. Warum bist du resilient?

Robert Bauer: Warum ich das bin? Das ist eine gute Frage. Ich würde sagen, zum einen verdanke ich das meiner Familie und ganz speziell meinem Vater. Er ist ein echter Kämpfertyp. Meine Eltern kamen damals mit nichts aus der Sowjetunion nach Deutschland. Am Anfang haben sie mit wildfremden Menschen, ebenfalls Aussiedler, in einer riesigen, ungemütlichen Halle gewohnt. Das war 1994. Mein Vater hat sich immer irgendwie durchgeschlagen, hat sich sehr viel selbst beigebracht. Meine Mutter ist putzen gegangen. Sie hat mehrere Putzjobs gehabt. Mein Vater arbeitet jetzt immer noch, er bedient Maschinen. Es gibt Leute, die machen dafür eine Ausbildung. Er hat sich das in seiner Kämpfernatur einfach diszipliniert und mit Ausdauer selbst beigebracht, sodass er mit seinem Können recht schnell gefragt war.

David Kadel: Das hast du von deinem Vater, dieses immer wieder aufstehen?

Robert Bauer: Ja, würde ich schon sagen. Aber meine Familie hat generell einen sehr starken Zusammenhalt, in der unser Credo lautet: „Du musst kämpfen für deine Ziele!" Meine Großmutter las mir in meiner Kindheit immer Geschichten aus der Bibel vor, brachte mir das Beten bei und nahm mich mit in inspirierende Gottesdienste. Die Werte, die ich damals gelernt habe, begleiten mich nicht nur beim Fußball, sondern helfen mir, mein ganzes Leben mit Freude, Demut und Dankbarkeit zu führen, aber eben auch als Kämpfer, der nie aufgibt.

David Kadel: Wo hast du noch Luft nach oben? Wo würdest du selbstkritisch sagen, da bin ich tatsächlich im Prozess? Wo merkst du, hier komme ich an meine Grenzen? Wo ist Robert Bauer noch nicht ganz der Erlöste?

Robert Bauer: Also beim Fußballtraining, wenn es für mein Team nicht gut läuft und ich das Gefühl habe, dass jemand nicht alles gibt. Da werde ich dann relativ schnell laut und scheiße auch mal jemanden an, dass er mehr machen muss. Das versuche ich abzustellen. Es gibt natürlich in jedem Bereich in meinem Leben solche Dinge.

David Kadel: Wo siehst du dich in fünf Jahren, längst als Nationalspieler oder im Ausland?

Robert Bauer: Natürlich ist die deutsche Nationalmannschaft ein großes Ziel für mich. Deswegen habe ich auch Russland, das mich eingeladen hat, abgesagt. Aber generell lege ich alle meine Träume und meine Zukunft bewusst in Gottes Hand. Gute und auch schlechte Ereignisse. Es werden vielleicht auch Zeiten kommen, in denen es nicht so gut läuft. Die gab es in meinem Leben schon oft genug. Dann ziehe ich meine Kraft aus dem Glauben, weil ich im Herzen weiß, dass es jemanden gibt, der seine schützende Hand über mich hält und der mir aus den Tälern des Lebens auch wieder heraushilft. Gott hat einen guten Weg für mich, das weiß ich, und der beinhaltet auch Rückschläge, denn diese machen mich nur stärker. Alles, was in meinem Leben geschieht, hat einen Grund und ich weiß, dass Gott nur das Beste für jeden Einzelnen möchte. Deshalb glaube ich an meine Träume und deshalb liebe ich ihn.

David Kadel: Danke für das sehr ehrliche Interview Robert.

Robert Bauer
FACTSHEET

VEREINE	FSV Buckenberg Karlsruher SC FC Ingolstadt 04 Werder Bremen
LÄNDERSPIELE	Silbermedaille mit dem Olympiateam 2016
GEBURTSTAG	09.04.95
GEBURTSORT	Pforzheim
BESONDERHEIT	Die Familie von Robert Bauer stammt aus Kasachstan. Seine Familie ist 1994 nach Deutschland gekommen. Robert ist 1995 in Pforzheim geboren. Er spricht neben Deutsch auch Russisch. Seine beiden Schwestern wurden noch in Kasachstan geboren. Bevor Robert zum Fußball kam, hat er als Kind geboxt, weil sein Vater nicht viel vom Fußball gehalten hat. Robert hat geboxt, bis er 10 Jahre alt war, danach noch zwei Jahre Kickboxen und dann erst kam der Fußball. An einem selbst gebastelten Boxsack seines Vaters hat er Ausdauer und Durchhaltevermögen gelernt, was für den Fußball nicht ganz unwichtig ist

Edinson Cavani
El Matador

PARIS SAINT-GERMAIN

Das markante Gesicht mit den indianischen Zügen und den wachen Augen vermittelten pure Entschlossenheit. Die schwarze Mähne weht, der Küstenwind im nordfranzösischen Caen verwandelt seine langen Haare trotz Stirnbands in eine Wildheit, die zu Cavanis ungebändigtem Spiel passt. Es ist Halbzeit beim Auswärtsspiel von Paris Saint-Germain in Caen. Beim Gang in die Halbzeit streckt Edinson lange Zeit seine Finger zum Himmel. Seine Pariser führen 4:0 – alle vier Treffer hat er alleine erzielt.

Edi spielt, wie ich mir früher Indianerhäuptlinge vorgestellt habe: tapfer, unberechenbar, pfeilschnell und immer gefährlich. Den einen Ball rammt Cavani mit dem Kopf ins Tor, den anderen mit rechts, einen weiteren mit links, spektakulär, und doch mit Leichtigkeit, als wäre es nichts Besonderes. Seine Jubelausbrüche sind genauso dynamisch und sehenswert wie seine Tore. *Edin_son* könnte eigentlich auch *Gottes_son Cavani* heißen, so populär, wie er den Glauben an Jesus in Uruguay gemacht hat, wo er selbst beinahe als Nationalheiliger verehrt wird.

Uruguay ist das kleinste spanischsprachige Land in Südamerika und grenzt an die beiden Fußballgroßmächte Argentinien und Brasilien. Dass dieses kleine Land fußballerisch nicht *in der Pampa* liegt, sondern Brasilien und Argentinien in der WM Quali 2018 das Leben schwer machte, verdanken sie in Montevideo ihrem prominentesten Export Edinson Cavani, der vor Neymar, Sanchez und Messi die Torschützenliste der Südamerikagruppe anführt.

Seine Torquote ist seit Jahren phänomenal: Ob in Neapel oder seit 2013 in Paris, Edinson knipst, als gäbe es kein morgen. Mit einer Torquote von 0,8 pro Spiel ist er der Gerd Müller Südamerikas. Auf sein Erfolgsgeheimnis angesprochen, antwortet der Superstar recht demütig: „Gott ist der Einzige, der für mich das Unmögliche möglich gemacht hat. Für mein Talent und dafür, Fußball spielen zu dürfen, danke ich ihm von Herzen. Ich habe vor einigen Jahren, in meiner Zeit in Neapel, angefangen die Bibel zu lesen. Ich muss sagen, dadurch habe ich eigentlich zum ersten Mal in meinem Leben Gott so richtig im Herzen kennengelernt und ihn in verschiedenen Situationen erfahren. Er ist mein täglicher Begleiter. Seine Liebe, die mich stark gemacht hat, möchte ich auch den Menschen bringen."

Eine Übersetzung des Namens *Uruguay* lautet: „Fluss der Essensbringer." Menschen etwas zu *bringen*, das sie satt und glücklich macht, hat christliche Tradition. Denn auch Jesus hat einen berühmten Satz übers Sattwerden gesagt: „Ich bin das Brot des Lebens: Wer zu mir kommt, wird nicht hungern, und wer an mich glaubt, wird nie mehr dürsten." Johannes 6,35

In Zeiten der großen Orientierungslosigkeit, wo Terror, Kriege und Zukunftsängste unseren Alltag bestimmen, tun sich die Menschen in Südamerika schwer, ihren oft korrupten Politikern und Wirtschaftsbossen zu vertrauen. Hier sind es längst nicht mehr die Staatsmänner oder Künstler, denen man Gehör schenkt, sondern Sportlegenden wie Edinson Cavani, dessen Persönlichkeit und tiefer Glaube Menschen in ganz Uruguay fasziniert und berührt.

Wenn Urus WM-Träume wahr werden. Russland, wir kommen!

In diesem Zusammenhang kann man verstehen, dass viele Urus über ihren Cavani stolz sagen: „Er ist hier viel populärer als der Papst und er schafft es, uns mit seiner authentischen Art dazu zu inspirieren, große Dinge zu erreichen!"

Der Mann mit der schwarzen Mähne und dem indianischen Look verrät gerne, welche Rolle Gott in seiner Erfolgskarriere gespielt hat: „In meinem Berufsleben spielt Gottes Nähe eine große Rolle. Im Fußball wird man oft mit Versuchungen konfrontiert, und ich spürte durch das Bibellesen, dass Gott mir immer vertrauter wurde, er mich immer mehr lenkte und vor schlechten Entscheidungen beschützte."

Als Stürmer hat man nicht viel Zeit für die *richtigen Entscheidungen*, die man oft instinktiv treffen muss. Dieser Killerinstinkt zeichnet Edinson aus, der wie kein anderer Stürmer quasi auf Bestellung trifft und längst zu den drei besten Mittelstürmern der Welt gehört. Entschlossenheit ist sein zweiter Vorname. Sich quälen für den Erfolg, die Extrameile gehen und für das Team rackern machen ihn zu einem absoluten Vorbild als Mentalitätsspieler, wie ihn sich Klopp, Guardiola und Ancelotti am liebsten zu Weihnachten für ihre Traumelf wünschen würden. Wenn so ein begehrter Spieler dann noch bestimmte Werte wie Demut und Dankbarkeit verinnerlicht hat, macht es ihn zu einem der begehrtesten Fußballer der Welt.

Sein Erfolgsgeheimnis definiert Cavani so: „Es ist so schön zu wissen, dass es einen Gott gibt, der uns *Erfolg* verspricht. Zum Beispiel in Psalm 1, wo es heißt, dass denen, die sein Wort lieben alles gelingen wird. Keiner sagt, dass es mit Gott einfacher wird, aber den Weg mit Gott als Partner zusammen zu gehen, macht einem

Freude und bedeutet am Ende, dass man sowieso ein Sieger ist."

In *Salto*, der zweitgrößten Stadt Uruguays, am Rio Uruguay, dem Grenzfluss zum Fußballbruder Argentinien, wuchs Edinson auf. Seine Familie hatte nicht viel, doch worauf im Hause Cavani immer Wert gelegt wurde, war ein liebevoller Umgang miteinander und Werte, die einen Menschen stark machen, wie Glauben, Hilfsbereitschaft und Fleiß. Denkweisen, die ihn fortan begleiten sollten und ihm später helfen würden, mit Scheitern umzugehen.

Schon früh, mit 13 Jahren, verließ der schlaksige *Edi* mit Zahnspange und Abenteuerlust sein Elternhaus, um in Montevideo in der Jugend vom Danubio Fútbol Club erstmals auf sich aufmerksam zu machen. Im Klub von Kultkicker Diego Forlan, war der anfangs schmächtige Edinson den Scouts durch seinen unnachahmlichen Zug zum Tor aufgefallen. Eine Kaltschnäuzigkeit im 16er, die an den

Argentinier Gabriel Batistuta erinnerte, den Cavani auch früh als sein *Idol* bezeichnete.

Mit 19 Jahren debütierte er für Danubio, in Uruguays höchster Liga, der Primera División, und erzielte dabei in 25 Spielen neun Treffer. Das war quasi sein Ticket für die U20-Südamerikameisterschaften in Paraguay. Dort sollte er erstmals für Furore sorgen und mit sieben Toren Torschützenkönig werden.

Damit wurde es Zeit für den ersten großen Schritt auf die internationale Fußballbühne. Das Land, das sein italienischer Großvater vor fast 40 Jahren verlassen hatte, wurde nun Cavanis zweite Heimat. Die Scouts der italienischen Topklubs hatten geschlafen, sodass sich 2007 der kleine Klub US Palermo die Dienste Cavanis sicherte. Schon im allerersten Spiel trauten die Fans ihren Augen nicht, als Cavani, gegen Fiorentina eingewechselt, ein Jahrhundertor á la Van Bastens Volley aus unglaublichem Winkel zum 1:1 schoss. Natürlich

Paris Saint Germains Tormaschine in gelb

war allen klar, dass man diese Urgewalt von Stürmer nicht lange im kleinen Palermo halten würde, und so schnappte sich 2010 der SSC Neapel den Uru, um endlich einen würdigen Nachfolger des neapolitanischen *Königs Diego Maradona* zu finden.

Als er im Januar 2011 die große Dame Juventus mit einem Hattrick zerlegte, lag ihm ganz Neapel zu Füßen. Mit unglaublichen 26 Treffern in seiner allerersten Spielzeit schoss sich Edinson auf Platz zwei der italienischen Torschützen hinter Antonio Natale.

Zusammen mit dem slowakischen Star Marek Hamsik und dem Argentinier Ezequiel Lavezzi wurde das Erfolgstrio in Anlehnung an die drei Tenöre Domingo, Pavarotti und Carreras als *i tre tenori* bezeichnet. Ganz Neapel war verrückt nach Edinson Cavani.

Sein Tor zum Pokalsieg 2012 und 78 Tore in 104 Spielen für den SSC brachten ihm in Neapel endgültig den Kultstatus ein und eine besonders würzige Pizza, die nach ihm benannt wurde. In Paris stehen sie zwar nicht unbedingt auf Pizza, aber die Macher von Paris Saint-Germain entwickelten vor fünf Jahren einen akribischen Plan, um den begehrten Champions League Pokal endlich in die Stadt der Liebe zu holen. Aus diesem Grund stand damals alles, was das Prädikat *absolute Weltklasse* hatte, auf dem Einkaufszettel von Nasser Ghanim Al-Khelaïfi und seinen Qatari Scheichs.

Die 64 Millionen Euro für den mittlerweile 26-Jährigen, die im Vergleich zu Neymars 222 Euro wie ein Schnäppchen wirkten, waren gut investiert, denn Cavani knipste auch im dunkelblauen PSG Trikot wie eine Tormaschine und wurde neben Zlatan Ibrahimovich schnell zum Liebling der Franzosen.

Der Mann mit der schwarzen Mähne und dem entschlossenen Blick hat ein Geheimnis.

Mit „Hermano" Neymar

Egal wo er hinkommt, die Herzen der Menschen fliegen ihm nur so zu. Ist es seine Lässigkeit gepaart mit Erfolg, die ihn in seinen Klubs schnell zum Publikumsliebling machen? Ist es sein verdammt gutes Aussehen und seine Athletik?

Cavani strahlt mehr von innen nach außen und sagt über sich selbst: „Dass ich so viel Erfolg habe, liegt daran, dass ich schon früh verstanden habe, Gott die Priorität in meinem Leben zu geben und ihn in meinem Leben an erster Stelle zu haben. Seitdem ich so denke, gelingen plötzlich viele Dinge fast von alleine. Klar gibt es auch in meinem Leben schwere Zeiten, aber in diesen Anfechtungen erlebe ich Gott so nah, als ob er nur darauf wartet endlich eingreifen zu können, weil ich ihn plötzlich brauche. Wir vergessen Gott oft in unserem Leben, aber er bleibt trotzdem treu und lädt uns immer wieder ein, in seinem Brief an uns

zu lesen und Ermutigung und sogar Rettung für das ewige Leben zu finden."

Mit Ehefrau Maria Soledad Cabris hat er zwei Söhne. Bautista wurde 2011 geboren, Lucas im März 2013. Als die Ehe zu scheitern droht, spricht Cavani ganz offen über Anfechtungen, Brüche und Versagen: „Wenn man Gott nachfolgt heißt das nicht, dass alles glatt läuft. Wir machen alle Fehler und kommen an unsere Grenzen. Wir fallen hin und würden manchmal gerne liegen bleiben, aber Gott verspricht uns in der Bibel, dass uns alle Probleme und Stürme des Lebens am Ende sogar zum besten dienen, wenn wir ihn lieben und uns an seiner Hand festhalten. Der Glaube ist für mich wie ein Navigationsgerät, das mich auf dem rechten Weg hält. Er hilft mir, wenn ich mich fürchte, Fehler zu machen. Ob in Krankheiten oder in unserem Scheitern, wenn wir Jesus trotzdem nachfolgen und ihm auch in schwierigen

„Best-Hair-Contest" mit David Luiz

Momenten die Ehre geben, wird er uns wieder eine neue Tür öffnen und uns durch diese Herausforderungen hindurchhelfen."

Bei der Fußball WM in Russland möchte *Edi* sein Meisterstück abliefern – auch wenn die Jungs um Beißer Luis Suarez und Atleticos Godin vielleicht nicht das Zeug zum Weltmeister haben, die funkelnde Torschützenkrone jedoch, auf dem Haupt des langhaarigen, sympathischen Indianers, das könnte passen!

Edinson Cavani
FACTSHEET

VEREINE	Danubio FC
	US Palermo
	SSC Neapel
	Paris St. Germain
LÄNDERSPIELE	92 für Uruguay
GEBURTSTAG	14.02.87
GEBURTSORT	Salto (Uruguay)
BESONDERHEIT	Tormaschine mit einem Schnitt wie Gerd Müller

Daniel Didavi
der Zauberfuß

VfL Wolfsburg

Dida ist einer dieser Typen, der es wirklich versteht Menschen zu begeistern. Ob mit seinem „Magic-Foot" bei irrsinnig-gezirkelten Freistoßtoren oder seine genialen No-Look-Passes auf Mario Gomez, der gebürtige Schwabe aus dem Benin ist wie geschaffen für dieses Spiel der Massen. Als er mich nach dem Interview beim Basketball kurz mal auf links dreht und einen 3er nach dem anderen versenkt, merke ich, dass er alles Runde liebt. Obwohl es zwei Jahre lang für ihn alles andere als rund lief: „Mein schmerzhaftes Schlüssel-Erlebnis", wie er die langwierige Knieverletzung im Nachhinein bezeichnet. Was seine Reise in den Benin mit ihm macht, um einmal vom Fußball wegzukommen, ist absoluter Romanstoff. Ein positiver Kulturschock, der ihn inspiriert, die komplette Bibel durchzulesen und einen ganz persönlichen Wandel zu vollziehen. Kloppo sagte kürzlich über Daniel Didavi zu mir: „Wenn Dida gesund bleibt, dann hat er seine ganz großen Zeiten noch vor sich!" Amen dazu, denn der Meistertrainer muss es ja wissen!

David Kadel: Hier treffen sich zwei Musterbeispiele für Integration. Meine Eltern sind ja aus dem Iran ins Schwabeländle gekommen und dein Vater kommt aus dem Benin.

Daniel Didavi: Genau. Es ist an der Südwestküste Afrikas. Aber es ist nicht so groß. Da muss man auf der Landkarte schon genau hinschauen. ‹lacht›

David Kadel: Und dein Vater, der ist, glaube ich, ein bisschen schuld daran, dass du Fußballer geworden bist? Weil er dich von klein auf trainiert hat, oder?

Daniel Didavi: Ja genau, als ganz kleines Kind. Er selbst war schon als Kind fußballverrückt und ich hatte ihn als Trainer, aber keinen Bock auf Fußball. Ich war voll der Auto-Freak, saß nur vor meinem Autoteppich und wollte keinen Fußball spielen.

Irgendwann hat er mich dann zum Fußball mitgeschleift. Ich habe dabei sogar geheult, weil ich dann kicken musste, und stand am Anfang nur unmotiviert im Tor rum.

David Kadel: Didavi am Anfang also nur Torwart?

Daniel Didavi: Ja, genau. Irgendwann dann, ich weiß nicht genau wie, per Zufall bin ich dann draußen gelandet, und habe gesehen, dass ich es ganz gut kann.

David Kadel: Und wie! Heute bist du einer der besten Mittelfeldspieler der Bundesliga. Was würdest du einem sagen, welche Einstellung hattest du, die dich dahin gebracht hat?

WM-Träume! Dreharbeiten zu „Und vorne hilft der liebe Gott"

Daniel Didavi: Ich denke mal, das Wesentliche dabei ist, dass du Spaß hast. Das darf kein Zwang für dich sein und du darfst nicht verkrampfen. Du musst einfach nur Spaß am Spiel haben! Weil es eben ein Spiel ist. Ich denke, das Wichtigste ist dann die Phase mit 15, 16. Diese Zeit ist schwer, wenn langsam die Frauen kommen, und das nächtliche Weggehen mit den Kumpels.

David Kadel: Frauen? ‹erhebt den Finger und lacht› Die Mädels, bitte. Mit 15, 16 Jahren!

Daniel Didavi: ‹lacht› Ja, stimmt, die Mädels. Und dann fängt es an mit den Partys und so, du weißt schon.

David Kadel: Ablenkung?

Daniel Didavi: Ablenkung, ganz genau! Und ich denke, da bleiben die meisten auf der Strecke, weil sie dann irgendwann den Fokus auf andere Dinge setzen.

Ich war auf einer Sportschule, wo du trainieren und Schule verbinden konntest. Das

war in Stuttgart. Ich hab in Nürtingen gelebt, bin um fünf Uhr morgens aufgestanden und war erst um 20:30 Uhr daheim. Jeden Tag.

David Kadel: Puuhh, harte Kindheit. Hilft das, wenn man schon früh Disziplin hat, damit man dann später auch besser mit Gegenwind umgehen kann?

Daniel Didavi: Ja, absolut. Fußball hat viel mit Druck zu tun. Und damit muss man umgehen können. Bevor ich hierher nach Wolfsburg kam, war ich ja lange verletzt. Zwei Jahre am Stück, und es war gar nicht mehr klar, ob ich noch mal spielen kann.

David Kadel: Knorpelschaden?

Daniel Didavi: Ja Knorpelschaden, genau. Und ich denke ganz anders, seitdem ich durch diese schwere, aber lehrreiche Zeit durchgekommen bin! Inzwischen habe ich wirklich verstanden, was für ein wunderschönes Privileg es ist, Fußballer zu sein. Ich war kurz vor dem Ende meiner Karriere, und jetzt darf ich wieder Fußball spielen. 80.000 Leute sind im Stadion und schauen dir zu, das ist etwas Unglaubliches. Dafür bin ich Gott unendlich dankbar. Gerade in diesen schweren Zeiten hat mir mein Glaube sehr viel über das Leben gezeigt. Das bringt mir jetzt als Profi sehr viel.

David Kadel: Du sprichst deinen Glauben an. Welchen Stellenwert hat der für dich?

Daniel Didavi: Vor meiner Verletzung habe ich auch an Gott geglaubt. Klar, mein Vater und meine Familie sind auch alle gläubig und auch ich habe immer irgendwie an Gott geglaubt.

Wenn zu mir einer gekommen ist und gefragt hat: „Glaubst du an Gott?", habe ich gesagt: „Klar glaube ich an Gott!" Aber es gibt die eine und die andere Seite vom Glauben. Ich habe mich nie wirklich damit beschäftigt. Ich denke, so richtig zusammenkommt man mit Gott erst in schweren Zeiten. Wenn es dir gut geht, brauchst du ihn nicht so.

David Kadel: Man vergisst ihn auch.

Daniel Didavi: Ja genau. Aber in schweren Zeiten merkst du wirklich, wie wichtig Gott und Jesus sind und wie sie dir helfen können.

David Kadel: Warum hast du durchgehalten? Es gibt ja Fußballprofis, die verlieren bei zwei bitteren Jahren Verletzung sogar ihren Glauben.

Daniel Didavi: Was mir total Kraft gegeben hat, ist das Neue Testament. Ich habe es drei bis vier Mal gelesen. Einfach die Geschichte von Jesus, was für eine starke Persönlichkeit er ist. Und dann denkst du dir: Guck mal, was der für andere Menschen getan hat, was der durchlebt hat. Du hast eine Verletzung, aber immer noch genug und heulst trotzdem nur rum. Du merkst also plötzlich: Fußball ist nicht alles.

David Kadel: Klingt nach innerer Veränderung. Gab es einen Schlüsselmoment für dich?

Daniel Didavi: Ich denke der Augenblick war während meiner Verletzung, als ich das erste Mal Afrika, das Land von meinem Vater, besucht habe. Das war im Mai 2014. Und da habe ich das einfach erlebt. Klar steht in der Bibel geschrieben, dass man mit wenig trotzdem glücklich sein kann. Aber dort habe ich gemerkt, dass diese Menschen wirklich eine andere Einstellung haben, als hier in Deutschland. Wir haben sehr viel, aber wenn du draußen rumläufst, sieht man oft traurige Gesichter. Es lächelt dich selten ein Unbekannter an.

David Kadel: Das stimmt! *„German Angst"* lässt grüßen.

Daniel Didavi: Und dann war ich in Afrika. So etwas habe ich noch nie erlebt. Diese Menschen; wenn du draußen rumläufst – es lebt einfach. Es laufen spielende Kinder herum und

Wichtiges Kopfball-Tor zum Wölfe-Ausgleich in München!

die Mütter passen auf sie auf. Draußen kicken die Jungs, die kaum bis nichts haben. Ich habe nie jemanden weinen gesehen, nur lachende Gesichter. Und Leute, die mich nicht kennen, haben mich angelächelt. Das hat mir einfach noch mehr das Gefühl gegeben: „Okay, du hast eine schwere Zeit und bist verletzt, aber ansonsten bist du trotzdem gesund!" Danach hatte ich eine komplett neue Sichtweise auf mein Leben.

David Kadel: Der Fußball bekommt auch eine neue Sichtweise seit diesem 222-Millionen-Wechsel von Neymar. Was mich viel mehr interessiert, ist, warum er immer wieder über Jesus spricht. Bevor er nach Paris ging und mit Barca die Champions League gewann, ging ein Foto um die Welt, das Neymar mit einem Stirnband zeigt: „100% Jesus". Wie findest du das?

Daniel Didavi: Neymar kennt jeder auf der Welt. Er ist ein Vorbild für viele. Und wenn die Menschen sehen, dass er, als Champions-League-Gewinner und guter Fußballer, nicht sagt: „Schaut her, ich bin der tolle Typ", sondern: „Da ist einer – Jesus, der mir Kraft gibt!", dann denke ich, dass die Jugendlichen schon genau hingucken und sich hoffentlich fragen, wer Jesus eigentlich ist.

David Kadel: Und wer ist Jesus für dich?

Daniel Didavi: Ich glaube an Jesus einfach aus dem Grund, weil er immer für mich da ist, egal ob gute oder schwere Zeiten, er schenkt mir immer Kraft. Jesus gibt mir mit seinem Leben viel Inspiration für mein eigenes. Zum Beispiel, wie er lehrt, keine Vorurteile zu haben, durchzuhalten, wenn es um Ziele geht, den Glauben an die eigene Stärke zu haben, vergeben zu können, und wie er über Nächstenliebe denkt. Das sind alles Themen, die mich beim Lesen der Geschichten von Jesus immer wieder inspirieren.

David Kadel: Ich habe mal gelesen, dass du auch eine Bibel in deiner Sporttasche mit dabeihast. Wenn es mal schnell gehen soll vorm Spiel, was liest du dann so?

Daniel Didavi: Ich liebe die Psalmen. Die gefallen mir, weil man sie immer lesen kann. Vorm Spiel im Bus kannst du kurz einen Psalm lesen, als Ermutigung. Die Psalmen sind kurz, aber geben viel wieder. Egal zu welchem Thema, in den Psalmen findest du was dazu!

David Kadel: Hast du eigentlich die Telefonnummer von Jogi Löw?

Daniel Didavi: Nee, das nicht.

David Kadel: Hat er deine? Hoffentlich?

Daniel Didavi: Also bis jetzt hat er sich noch nicht gemeldet. ‹lacht laut›

David Kadel: Für Deutschland zu spielen, was würdest du dafür geben?

Daniel Didavi: Klar, es ist ein Riesentraum von mir, Nationalspieler zu werden, den habe ich auch noch nicht abgehakt.

David Kadel: Wenn du nach vorne guckst, WM 2018 in Russland. Musst halt Handschuhe und einen Schal mitnehmen.

Daniel Didavi: ‹lacht› Ja, aber im Sommer ist es ja dort auch nicht so kalt. Ich versuche einfach weiter Spaß am Fußball zu haben. Ich versuche sowieso immer mein Bestes zu geben und so weit zu kommen, wie es geht. Und dann wird man sehen.

David Kadel: Und vorne hilft der liebe Gott?

Daniel Didavi: Klar, da hätte ich nichts dagegen, wenn er mir da hilft!

David Kadel: Gibt es eine Schwäche, von der du sagst, da arbeite ich dran?

Daniel Didavi: Ja, auf jeden Fall! Es gibt viele Schwächen.

David Kadel: Zum Beispiel? Was macht dein Kopfball?

Daniel Didavi: Mein Kopfball ist ganz okay, aber mein rechter Fuß könnte besser sein.

David Kadel: Der ist nur zum Stehen bei dir, oder?

Daniel Didavi: ‹lacht› Das nicht, aber im Vergleich zum linken Fuß ist das ein riesiger Unterschied.

David Kadel: Also du, als großer Basketball-Fan, sagst du dir dann auch in Sachen Mentalität, wenn der Nowitzki, der Weltklasse ist, täglich drei Stunden mehr macht als seine Kollegen, dann hänge ich mich auch voll rein, um noch besser zu werden?

Daniel Didavi: Auf jeden Fall! Man sieht ja, dass Weltklassespieler nicht nur mit Talent gesegnet sind, sondern auch die sind, die am meisten dafür tun. Die kann man sich schon als Vorbild nehmen und von deren Einstellung lernen.

David Kadel: Daniel, vielen Dank für deine offene Art, ich hoffe du wirst dir deinen Traum vom Nationalspieler bald erfüllen. God bless you!

Schwaben-Jubel mit Mario Gomez

Dida als Bayern-Fan. Ok, ist verjährt!

Daniel Didavi
FACTSHEET

VEREINE	SPV 05 Nürtingen VfB Stuttgart 1. FC Nürnberg VfB Stuttgart
LÄNDERSPIELE	Für die deutsche U17 U18 U20 und U21
GEBURTSTAG	21.02.90
GEBURTSORT	Nürtingen
BESONDERHEIT	Hätte auch Basketball-Profi werden können!

GÖTTLICHES
DREAM
TEAM

DAVID de Gea

JOSHUA Kimmich   David ABRAHAM   BENJAMIN Henrichs

SAMUEL Umtiti   Victor MOSES

LUCAS Moura   ADAM Lallana

ANGEL diMaria Gabriel Jesus ELIAS Kachunga

Trainer: Lothar MATTHÄUS
Teamseelsorger: Javier PASTORE

Wir freuen uns auf die WM in Russland und das isländische „**Huuuuuhh**"

In meinem Roadmovie **„Und vorne hilft der liebe Gott"** besuche ich Fußballprofis zu Hause, um mit ihnen über ihr Erfolgsgeheimnis zu sprechen. Jürgen Klopp verrät, in seiner unwiderstehlichen Art, warum er immer so gut drauf ist, plaudert über seinen Glauben an Gott und schmettert ungeniert Beatleslieder. David steht ihm, mit seinem Wiener Schmäh, in nichts nach: Parodiert gekonnt Reinhard Fendrich und verblüfft mit Geschichten vom FC Bayern Bibelkreis. Auch mit Daniel Didavi, Heiko Herrlich und Davie Selke spreche ich über Werte und Glauben und darüber welche Mentalität sie brauchten, um das zu erreichen, wovon Millionen Jugendliche nur träumen. Roadmovie, Comedy und Coaching Film zugleich. *www.undvornehilftderliebegott.de*

Benny Henrichs & Thilo Kehrer als lebende DVD Trailer

Leverkusens Brasilianer Wendell

FSC
MIX
Papier aus verantwortungsvollen Quellen
FSC® C084279
www.fsc.org

Sofern nicht anders angegeben, sind die Bibelstellen der folgenden Übersetzung entnommen: Luther, revidierte Fassung von 1984, durchgesehene Ausgabe in neuer Rechtschreibung © 1984 Deutsche Bibelgesellschaft, Stuttgart

© 2018 Gerth Medien GmbH, Dillerberg 1, 35614 Asslar

1. Auflage Januar 2018
2. Auflage Juni 2018
Bestell-Nr. 817493
ISBN 978-3-95734-493-9

Umschlaggestaltung und Innenlayout: spoon design, Olaf Johannson
Fotos: Firo Sportphoto, Imago, Shutterstock.com, Privat

Druck und Verarbeitung:
Print Consult, München

♥ LICHEN DANK AN:

Simeon Spahr
Sandy Bucher
Friedhelm Mienert
Ulla Klopp
Jasi Grund
Petra Leibfacher
Joni
Karl Giesbrecht
Elena Peters
Leo von Bibra
Max Ackermann
Olaf Johannson
Kata Schwarz
Carsten Meier
Nermin Kaya
Gabriel „Dybala" Kadel
Zoe & Jana & Naomi & Luis & Marian Kadel
Tyson & Sydney Janz
Sebastian Kehl
Günther „Güko" Koch
Özlem & Onur Suna
Anka Seitz
Marco Rose
Kai Michalke
Jan & Natalie Miebach
Stephan Kaussen (WDR)
Nico Schneck (Bayer 04)
Jürgen Fromme (firo)
Marlon Frey
Malcolm Cacutalua
Milos Pantovic
Alex Nouri
Chris „Locke" Hemlein
Sven Schipplock
Alex Rosen
Jannes Horn
Markus Krücken (Express)
Laura „Blöff" Hersing
Mario Kollack (imago)
Esther & Norman Deddie Massorz (Go4QualityTime)
my friend Eugene Datta & Natalia & Anastasia & Yannick
Rika Klöckner
Mounir Zitouni (kicker)
Michael Leopold (Sky)
Michael Köllner (Cluberrer)
Mike Meurer
Werner Nachtigall
Samuel Koch
Horst FCB Rambau
Andinatidis Mette

Maurizio Gaudino
Robin Schuster
Flo Fromlowitz
Marco Bode
Björn Schierenbeck
Gio Hoffmann
Lewis Biade
Malte Kaiser
Jens Rasiejewski
Ralle Gunesch
Timo Hildebrand
Markus „Grieche" Pröll
Niko Kovac
George Alaba
Sepp Lenhardt
Irmgard, Matthias & Paul Malek
Andreas Adenauer (Adenauer & Co.)
R. Cabrera „Neymar" Striberny (Neymar92.de)
Franziska & Phil Stockhoff
Kimmo Drach
Jose & Nicky Vunguidica
Matze Schweikert
Teddy Rupp & Davie Selke
Thilo Kehrer & Benny Henrichs
Thomas Gerstmann
Robert Bauer
Imre & Kevin
Oribe Peralta
Michael Lumberjack Janz
Dennis & Susi Kessler
Kosta Runjaic
Ilia Gruev
★Maria Kadel★
und natürlich
♥ Helena Kadel